FRANCO LATTES ⁄ PAOLA VALENTINI

Parole, immagini, oggetti e architetture delle sinagoghe piemontesi

UMBERTO ALLEMANDI & C.

TORINO ~ LONDRA ~ VENEZIA ~ NEW YORK

הקהלה היהודית בטורינו
Comunità Ebraica di Torino

SINAGOGA DI CARMAGNOLA
PAROLE, IMMAGINI,
OGGETTI E ARCHITETTURE
DELLE SINAGOGHE PIEMONTESI

Esposizione permanente /
Permanent exhibit

«Sinagoga di Carmagnola. Parole,
immagini, oggetti e architetture
delle sinagoghe piemontesi»
"Synagogue of Carmagnola.
Words, images, objects and architectures
of the piedmontese synagogues"

Carmagnola, Sinagoga, via Bertini 9

Ideazione e progetto | Concept and design
Franco Lattes e Paola Valentini,
architetti / architects

*Consulenza illuminotecnica |
Lighting consultants*
Anna Pellegrino, architetto / architect

*Comunicazione e immagine |
Communications and image*
Rubamatic

Video
Libreidee

Modelli | Architectural models
Anna Licata

*Fotografie schede sinagoghe |
Synagogues photographs and text*
Davide Franchina, Daniel Fuss,
G. Torra, Mariano Boggia, AlterStudio,
Andrea Milanese

Fotografie | Photographs
Monika Bulaj
Daria de Benedetti
Giovanni B. M. Falcone

*Realizzazione allestimento |
Exhibition construction*
Polo Officine srl (Beinasco, Torino)

Impianto elettrico | Electrical system
Euro Lux (Orbassano, Torino)

*Fornitura arredi e luci |
Furniture and lighting supplier*
Res Nova (Torino)

Calchi argenti | Replications of silverworks
Laboratorio di restauro Rava & C.
(Torino)

Restauro legni | Restoration woodwork
Laboratorio Doneux & Soci (Torino)

*Si ringrazia per la disponibilità e la
collaborazione nelle diverse fasi di realizzazione
dell'iniziativa | Special thanks for their kind
assistance and collaboration in the various
phases of the initiative goes to*

Rav Alberto Moshe Somekh,
Rav David Margalit

la Comunità Ebraica di / the Jewish
Community of Casale Monferrato,
la Comunità Ebraica di / the Jewish
Community of Vercelli - Biella -
Novara - Vco, Rossella Bottini Treves,
Elio Carmi

Anna Bises Vitale, Paolo de Benedetti,
Franco Segre, Riccardo Levi, Maura
Levi e Davide Romano, Maria Cristina
Colli, Ilaria Curletti, Federico Manassero,
Anna Tedesco, Susanna Terracina
Raffaele Lampronti, Rosy Scavuzzo,
Tiziana Maccario

Documenti | Documents
I materiali esposti e riprodotti sono stati
forniti dalla Comunità Ebraica di
Torino e dall'Archivio delle tradizioni
e del costume ebraici «Benvenuto
e Alessandro Terracini» | The materials
exhibited and reproduced were supplied
by the Jewish Community of Turin
and the Archive of Jewish Tradition and
Customs "Benvenuto and Alessandro
Terracini"

I documenti storici sono stati riprodotti
per gentile concessione dell'Archivio
Storico della Città di Carmagnola | The
historical documents were reproduced
by the generous permission of the
Historic Archive of Carmagnola

La documentazione relativa ai progetti
di restauro è stata cortesemente fornita
dagli architetti / The relative restoration
projects where kindly supplied
by the architects responsible for the
restorations Mariano Boggia,
Deborah Gutowitz, Laura Menardi,
Andrea Milanese, Giorgio Olivetti,
Riccardo Petitti, Enrica Segre

RESTAURO DELLA SINAGOGA /
RESTORATION OF THE SYNAGOGUE
Per la qualità del progetto e della
realizzazione il restauro ha ricevuto
il premio «Una targa per l'architettura ⁄
Architetture rivelate» 1ª edizione, anno
2004 / The restoration received "Award
Plaque for Architecture ⁄ Architecture
Revealed" the first edition 2004 Award
for the quality of the completed project

Progetto e direzione lavori /
Design and construction administration
Franco Lattes e Paola Valentini

Al progetto di restauro hanno contribuito
gli architetti E. Paglieri e A. De Rege
e gli ingegneri G. Pistone e A. Picotto /
With the collaboration of the architects
E. Paglieri and A. De Rege and the
engineers G. Pistone and A. Picotto

Consolidamento e restauro /
Structural reinforcement and restoration
Zoppoli & Pulcher spa (Torino)

Restauro decorazioni e stucchi /
Restoration of the decorations and stucco
Laboratorio Doneux e Soci (Torino)

Restauro arredi lignei Tevà e Aròn /
Restoration of the wooden furnishings:
Tevah and Arón
Laboratorio Franchino (Torino)

Restauro arredi lignei /
Restoration of the wooden furnishings
Grasso (Torino)

Impianto illuminazione sala /
Lighting main hall
A. Fiorenzato (Cavour, Torino)

Decorazioni / Wall decorations
A. Cappa (Pinerolo, Torino)

Il restauro della Sinagoga di Carmagnola
e l'allestimento dell'esposizione
permanente sono stati realizzati
con il contributo di Regione Piemonte,
Provincia di Torino,
Città di Carmagnola, Compagnia
di San Paolo, Fondazione CRT
e donazioni di privati /
The restoration of the Synagogue
of Carmagnola and the layout
and design of the permanent exhibition
were realized with the generous
contribution of the Regione of Piedmont,
the Province of the City of Turin,
the City of Carmagnola, Compagnia
di San Paolo, Fondazione CRT
as well as private donations.

CATALOGO / CATALOGUE
Parole, immagini, oggetti e architetture
delle sinagoghe piemontesi
Words, images, objects and architectures
of the piedmontese synagogues

Editore / Editor
Umberto Allemandi & C., Torino

Autori / Authors
Franco Lattes
Paola Valentini

Testi introduttivi / Introductory texts
Amos Luzzatto
Rav Alberto Moshe Somekh
Chiara Coronelli

Appendice / Appendix
Maria Cristina Colli
Ilaria Curletti

Collaboratori / Collaborators
Davide Franchina e Carlo Rosso,
Rubamatic

Traduzioni / Translations
Martha Masoero

Foto di copertina / Cover photograph
Davide Franchina

Contributi per la realizzazione del catalogo /
Financial sponsors for the realization
of the catalogue

REGIONE
PIEMONTE
Assessorato alla Cultura

COMPAGNIA
di San Paolo

Il restauro della Sinagoga di Carmagnola e la realizzazione della mostra permanente rientrano nell'ampio piano di recupero e valorizzazione del patrimonio culturale ebraico del Piemonte che la Comunità Ebraica di Torino persegue con tenacia da anni.

Oltre a Carmagnola, sono ormai completati i restauri delle Sinagoghe di Cherasco, Cuneo, Ivrea, Mondovì e Saluzzo, sono quasi terminati i lavori nelle Sinagoghe di Asti e di Alessandria. Negli ultimi anni è stata rivolta particolare attenzione anche ai cimiteri: sono stati effettuati o sono in corso interventi ad Acqui, Asti, Chieri e Fossano.

Questo complesso e oneroso programma è stato reso possibile grazie agli interventi di enti pubblici e di fondazioni bancarie che hanno dimostrato notevole sensibilità nei confronti delle testimonianze di una presenza ebraica capillarmente diffusa, che ha avuto grande importanza per la vita economica, sociale e culturale delle comunità nelle quali si è inserita e integrata.

Oggi esiste ancora una vita ebraica a Cuneo e a Ivrea; altrove rimangono singoli individui e più spesso solo sinagoghe, cimiteri e tracce di antichi ghetti. L'inurbamento, l'emigrazione, l'assimilazione e la SHOÀ hanno avuto un ruolo determinante nell'assottigliamento e nella scomparsa delle comunità ebraiche piemontesi. In tale contesto la mostra «Parole, immagini, oggetti e architetture delle sinagoghe piemontesi», inaugurata il 9 settembre 2007, riveste una particolare importanza: innanzitutto si tratta di un primo piccolo museo realizzato dalla Comunità di Torino; la sua funzione non è solo quella di documentare la presenza ebraica nella città, ma è anche quella di permettere al visitatore di abbracciare in un unico sguardo, sia pure fugace, tutte le comunità del Piemonte.

La mostra del piano terreno e quello straordinario gioiello rappresentato dalla Sinagoga al primo piano sono inseriti nell'edificio di via Bertini che fu il cuore del Ghetto di Carmagnola, la cui evidenza è oggi integralmente recuperata grazie al lavoro degli architetti Franco Lattes e Paola Valentini.

Oggi il complesso sinagogale è inserito nel circuito turistico della Città di Carmagnola ed è quindi aperto al pubblico e normalmente visitabile.

TULLIO LEVI
Presidente della Comunità Ebraica di Torino

The restoration of the Synagogue of Carmagnola and the creation of a permanent exhibition are part of a larger plan to restore and promote the Jewish cultural patrimony in Piedmont, a plan that the Jewish Community of Torino has tenaciously pursued over several years.

Besides Carmagnola, the restoration of the Synagogues of Cherasco, Cuneo, Ivrea, Mondovi, and Saluzzo, are already completed, work on the Synagogue of Asti and of Alessandria is nearly finished. Over the last few years particular attention has been dedicated to the cemeteries; work has been completed or is in progress in Acqui, Asti, Chieri, and Fossano.

This complex and costly program has been made possible thanks to contributions by the public administration and several bank foundations. It should be recognized that they have, especially in the most recent past, demonstrated a notable sensitivity to testimonies of the Jewish presence throughout the territory of our region. A widespread and deeply rooted Jewish presence has been of great importance to the economic, social and cultural life of the community in which it has been embedded and integrated.

Today Jewish life in Cuneo and Ivrea still exists; in other locations, solitary individuals still remain but more often only synagogues, cemeteries and traces of the historic ghettos. The return to larger cities, emigration, assimilation and the Holocaust have all played a role in determining the diminution or disappearance of the Piedmontese Jewish communities. In this context the exhibition, "Words, objects, images, and architectures of piedmontese synagogues", inaugurated September 9, 2007, covers a particularly important function: above all because it is the first small museum to be realized by the Jewish Community of Torino. Its purpose is not only to document the Jewish presence in the city but also to permit the visitor to embrace in a single glance, even if only a fleeting one, all the Jewish communities in Piedmont.

This ground-floor exhibition and that extraordinary jewel represented by the Synagogue on the first floor are inserted in the building in via Bertini that had been the center of the Ghetto of Carmagnola. Its presence has been entirely recovered thanks to work by the architects Franco Lattes and Paola Valentini.

Today, this complex, museum and synagogue, has been inserted into the tourist network of the City of Carmagnola and is therefore regularly open to the public.

TULLIO LEVI
President of the Jewish Community in Torino

L'importante intervento conservativo che ha coinvolto le sinagoghe piemontesi, e in particolare la Sinagoga di Carmagnola, è frutto di un progetto sostenuto dall'Assessorato alla Cultura della Regione Piemonte in collaborazione con la Comunità Ebraica, ulteriore conferma della capacità di creare significative forme di collaborazione e di sinergia tra enti pubblici e privati del nostro territorio.

Come già avvenuto per la chiesa di San Marco a Vercelli, la Sinagoga di Carmagnola si è trasformata in sala espositiva sede di una mostra - in questo caso permanente - che presenta in modo diacronico il luogo del culto e dell'incontro attraverso il suo evolversi nel tempo.

L'opera di recupero sarebbe però risultata incompleta se non fosse stata accompagnata dalla pubblicazione di questo prezioso catalogo che documenta la mostra e, attraverso un accurato testo, frutto di ricerche rigorose e attente, approfondisce la relazione tra la storia delle Comunità Ebraiche in Piemonte e quella delle sinagoghe che ne rappresentano la traccia materiale.

Un altro importante tassello del patrimonio architettonico viene così restituito alla comunità e si inserisce a pieno titolo in un più vasto itinerario che intreccia all'arte il paesaggio e alla cultura l'aspetto religioso.

GIANNI OLIVA
Assessore alla Cultura della Regione Piemonte

The important conservation project involving the Piedmontese synagogues and in particular the Synagogue of Carmagnola is the fruit of a program sponsored by the Piedmont Department of Culture in collaboration with the Jewish Community. It is also further confirmation of the capability to create significant forms of collaboration and synergy between public and private institutions in our territory.

Like the Church of San Marco in Vercelli, the Synagogue of Carmagnola has been partially transformed into a gallery space housing an exhibition - in this case a permanent one - which presents in a diachronic mode a space for religious ceremony and social encounter through its evolution in time.

The work of restoration would have been incomplete if not accompanied by the publication of this valuable catalogue, which documents the exhibition through a carefully crafted text, the result of in-depth and rigorous research. The catalogue elaborates the relationship between the history of the Jewish Communities in Piedmont and that of the synagogues that represent material trace of them.

In this way another important element of our architectural heritage is returned to the community and is fully inserted into a much broader itinerary that intertwines art with landscape and culture with its religious aspect.

GIANNI OLIVA
Councilor for Culture of the Piedmont Region

Nella città di Carmagnola esiste dal 2004 un circuito cittadino museale del quale fa parte, insieme ad altre quattro importanti istituzioni, anche la Sinagoga. Carmagnola Musei nasce per valorizzare le risorse culturali del territorio e la Sinagoga si inserisce pienamente in questo quadro.

La presenza ebraica a Carmagnola vanta una storia di ormai cinque secoli; oggi, questa lunga e significativa permanenza è ancora testimoniata dalle suggestioni dell'antico Ghetto (istituito per decreto regio nel 1724 e abolito nel 1848), con i suoi spazi minuti e la sua edilizia complessa e frammentaria, nel cui cuore sorge la Sinagoga.

Il restauro della Sinagoga e dei locali sottostanti e l'allestimento della mostra permanente «Parole, oggetti, immagini e architetture delle sinagoghe piemontesi» - la cui realizzazione a opera della Comunità Ebraica di Torino è stata resa possibile grazie all'intervento della Città e di grandi istituzioni regionali - hanno dunque riconosciuto a Carmagnola un ruolo fondamentale nella conservazione della memoria ebraica piemontese, arricchendo di un ulteriore prezioso elemento il suo notevole patrimonio culturale.

Proprio grazie alla ricchezza delle testimonianze storiche e culturali, la nostra città, vantando la sua appartenenza al Principato Sabaudo fin dal 1601, è entrata a pieno titolo a far parte dell'associazione «Terre dei Savoia», importante circuito turistico-culturale che sarà ulteriormente arricchito dalla mostra e dalla Sinagoga stessa, esempio di splendida architettura, con i suoi preziosi arredi.

Per ribadire quanto la presenza ebraica sia da sempre parte integrante della città di Carmagnola, l'amministrazione provvederà al più presto, sotto la direzione della Comunità Ebraica di Torino - con la quale proficuamente da anni collabora nella realizzazione di numerosi eventi - al recupero e al restauro del Cimitero Ebraico di Carmagnola.

Quello che mi preme sottolineare, inoltre, è che la Comunità Ebraica carmagnolese è sempre stata ottimamente inserita nel tessuto sociale, economico e culturale della nostra città: questo fatto rende ancora più importante preservare quello che è diventato il nostro patrimonio comune.

GIAN LUIGI SURRA
Sindaco di Carmagnola

In Carmagnola a network of local museums has existed since 2004 that includes the Synagogue together with four other important institutions. The Carmagnola museum network was created to enhance the value of the cultural resources of the territory and the Synagogue is a fully integral part of this picture.

The Jewish presence in Carmagnola can claim five centuries of history. Today, this long and significant permanence is still evident in the traces of the ancient Ghetto (instituted by royal decree in 1724 and abolished in 1848) with its small spaces and complex, fragmented building structure from the heart of which the Synagogue rises.

The restoration of the Synagogue and the areas below it, as well as the permanent exhibition "Words, objects, images, and architectures of piedmontese synagogues" - the realization of which is due to the work of the Jewish Community of Torino -, was made possible by the generous intervention of the City and important regional institutions. In so doing, Carmagnola has been given a significant role in the conservation of the memory of the Piedmontese Jews, enriching its notable cultural patrimony with another valuable element.

Precisely because of the richness of the historical and cultural testimony, our city, highlighting its affiliation with the Savoy dukedom since 1601, has officially been recognized as part of the 'Land of the Savoy' association, an important cultural tourist network which will be further enriched by the exhibition and the Synagogue itself, an example of splendid architecture, with its exquisite furnishings.

To emphasize the fact that the Jewish presence has always been an integral part of the City of Carmagnola, the administration will soon oversee - under the direction of the Jewish Community of Torino, with which it has advantageously collaborated on several projects over the years -, the rehabilitation and restoration of the Jewish Cemetery of Carmagnola.

It is important for me to underline that the Jewish Community of Carmagnola has always been positively integrated into the social, economic and cultural fabric of our town. This fact makes it even more important to preserve that which has become our common heritage.

GIAN LUIGI SURRA
Mayor of Carmagnola

La Compagnia di San Paolo è da sempre impegnata nel restauro e nella valorizzazione di beni architettonici e artistici, ponendo particolare attenzione a iniziative sviluppate in chiave sistemica e finalizzate a rendere fruibile e accessibile il patrimonio storico-artistico del territorio.

La mostra permanente «Parole, immagini, oggetti e architetture delle sinagoghe piemontesi», allestita presso la Sinagoga di Carmagnola, si inserisce all'interno di un progetto di recupero e valorizzazione del patrimonio ebraico regionale che la Comunità Ebraica di Torino persegue da diversi anni attraverso restauri, organizzazione di eventi e comunicazione. In tale contesto, l'impegno della Compagnia si è incentrato sia sul sostegno al recupero di alcune tra le sinagoghe più importanti del Piemonte, quali quelle di Carmagnola, Asti, Alessandria e Cuneo, sia sul supporto a diverse iniziative culturali tra cui questa interessante mostra. Tale esposizione, infatti, permette non solo di divulgare e promuovere la cultura e l'arte ebraica, ma anche di valorizzare e fruire questo ricco patrimonio storico, artistico e architettonico del territorio piemontese.

Con il restauro del patrimonio artistico e il sostegno a iniziative di valorizzazione in grado di diffondere la conoscenza dell'arte e della cultura, la Compagnia di San Paolo conferma la propria volontà di porsi al servizio della società favorendo anche la conoscenza e il dialogo tra culture diverse.

COMPAGNIA DI SAN PAOLO

The Compagnia di San Paolo has always been involved in the restoration and enhancement of historic and artistic patrimony; it favors initiatives developed with a systematic approach in order to foster the use and accessibility of the territory's historic and artistic heritage.

The permanent exhibition "Words, objects, images, and architectures of piedmontese synagogues", on display in the Synagogue of Carmagnola, is part of a project of recovery and enhancement of the Jewish regional patrimony that the Jewish Community of Torino has been pursuing for several years through restoration, organization of events and communication. In this context, the Compagnia's support is centered on the recovery of a few of the more important synagogues in Piedmont, including Carmagnola, Asti, Alessandria, and Cuneo, as well as through contribution to different cultural initiatives. This interesting exhibition is one of them. This exhibition, in fact, both disseminates and promotes Jewish art and culture, and also enhances the usability and accessibility of the rich historic, artistic and architectural heritage of the Piedmontese territory.

With the restoration of the artistic heritage and the support of this value-enhancing initiative that spreads awareness of the arts and of culture, the Compagnia di San Paolo confirms its desire to serve society also by favoring awareness and dialogue between different cultures.

COMPAGNIA DI SAN PAOLO

Sommario

Riflessioni

La sinagoga: uno spazio in funzione del tempo

La funzione spazio-temporale è argomento di dibattito fra i filosofi ebrei del secolo scorso. Abraham Joshua Heschel (*Il Sabato, il suo significato per l'uomo moderno*) sostiene che esiste una contrapposizione del concetto di tempo rispetto allo spazio. Egli nota come l'Ebraismo si sia distinto dalle culture religiose antiche in genere, dedite al politeismo e all'idolatria, essenzialmente per la sua ritrosia a sacralizzare lo spazio. A differenza degli oracoli greci, ad esempio, che elevavano alla dignità di sacro dei luoghi particolari (Dodona, Delfi ecc.), la tradizione biblica «eleva le proprie cattedrali nel tempo». E la «cattedrale» ebraica per eccellenza è l'istituto dello SHABBAT, che non si riferisce a uno spazio determinato, ma piuttosto proclama sacro un giorno ogni sette.

Due sono, secondo Heschel, i vantaggi di una simile concezione. Il primo è che lo Spazio (termine con cui si deve intendere tutto ciò che occupa spazio, e quindi la Materia) invecchia e decade, mentre il Tempo (in sé e per sé, da intendersi a sua volta come sinonimo di eternità) rimane: per questa via, Heschel giunge ad affermare che il Tempo è la presenza di Dio nello spazio. Il secondo vantaggio è che lo Spazio divide, mentre il Tempo affratella. Due persone non possono vivere nello stesso Spazio, e sono costrette a contenderselo, mentre possono vivere tranquillamente nello stesso Tempo. Sotto questo profilo lo Spazio comprende non soltanto un dominio geografico, ma anche la Ricchezza materiale in genere, che per sua natura è fonte di conflitti. Il Tempo, invece, è simbolo di pace.

È una visione affascinante, ma pur sempre parziale. Joseph B. Soloveichik, nel suo saggio *Sacred and Profane in World Perspectives*, pur non negando affatto il ruolo del Tempo nell'approccio ebraico alla realtà, valorizza profondamente la funzione dello Spazio. Egli identifica le due dimensioni rispettivamente nella figura del nomade, che ha rinunciato a ritagliarsi uno «spazio», e del sedentario. La sua originalità consiste nel para-

The Synagogue: a Space Defined by Time

The function of space-time has been a subject of debate among Jewish philosophers of the last century. Abraham Joshua Heschel (*The Sabbath: Its Meaning for Modern Man*) suggests that a contraposition exists between time and space. He notes that Judaism distinguished itself from ancient religious culture in general, dedicated to polytheism and to idolatry, essentially for its reluctant hesitance to sacralize space. Unlike the Greek oracles, for example, who elevated particular places (Dodona, Delphi, and so on) to the dignity of the sacred, the biblical tradition raises its cathedrals in time. And the Jewish "cathedral" par excellence is the institution of the SABBATH which does not refer to a specific place, but rather proclaims sacred one day every seven.

According to Heschel, there are two advantages to a similar conception. The first is that Space (a term that is assumed to be a synonym of Matter) ages and decays, while Time (intended as synonymous to eternity) remains: in this way, Heschel affirms that time is the presence of God in space. The second advantage is that space divides, while time unites. Two people cannot live in the same space, and they are forced to fight for it, while they can peacefully live in the same Time. By this definition, Space includes not only a geographic domain, but material wealth in general, which by its nature is a source of conflicts. Time, instead, is a symbol of peace.

It is a fascinating vision, but never the less a partial one. Joseph B. Soloveitchik, in his essay "Sacred and Profane in World Perspectives", although he does not deny the role of Time in the Jewish approach to reality, greatly highlights the function of Space. He identifies these two dimensions respectively in the figures of the nomad, who renounces the creation of his own "space", and the sedentary. This author's originality consists in comparing space and time to the erudite and the wise. The sedentary is he who is able to make "a partisan choice" in the realm of

1. Sinagoga
di Carmagnola:
TEVÀ / Synagogue
of Carmagnola:
TEVAH.

2. Sinagoga
di Carmagnola: la Sala
di preghiera / Synagogue
of Carmagnola:
the Prayer hall.

gonarli a loro volta all'erudito e al saggio. Il sedentario è colui che ha saputo compiere una scelta «di parte» nell'ambito di un possesso territoriale, così come il saggio, a differenza dell'erudito, ha «preso posizione» nell'ambito intellettuale.

Dicasi lo stesso sul piano spirituale. Soloveichik ci richiama alla responsabilità che l'Ebreo ha nei confronti di se stesso e del proprio popolo, perché, come la formazione culturale di una persona passa attraverso l'acquisizione della saggezza in preferenza rispetto a un'anonima erudizione, così secondo la concezione ebraica si perviene ai grandi valori umani soltanto costruendo sul particolare e non già partendo da un universale astratto.

Una volta esiliati dalla propria terra, gli Ebrei hanno ritrovato il loro centro spaziale nella Comunità. In quanto centro della vita ebraica organizzata nella Diaspora la Comunità è fatta anzitutto di luoghi. Frequentando questi luoghi si concretizza la vita ebraica, tanto dell'individuo quanto del gruppo. Al centro di ogni Comunità Ebraica vi è naturalmente la sinagoga.

Non solamente l'ebreo si trova in esilio - osserva Soloveichik in un altro suo saggio, intitolato *La Sinagoga, l'istituzione e l'idea* (in ebraico) - ma l'uomo in quanto tale, l'uomo in generale, vive l'esperienza dell'esilio. L'esilio ebraico non è che il riflesso storico di un'esperienza metafisica comune a tutti gli esseri umani. L'uomo, dacché è stato cacciato dal Giardino dell'Eden, è per sua natura «senza casa»: una sorta di straniero, esposto ai rischi della malattia e della morte, pauroso del buio, incerto.

L'uomo dal basso profilo, «senza casa», ha bisogno della preghiera dal momento che ha paura, per via della sua vulnerabilità ed esposizione a una natura tutt'altro che conciliante. L'uomo «senza casa» che si cerca una casa va in realtà in cerca di Dio e lo raggiunge tramite la preghiera. La preghiera costituisce dunque per l'uomo la «casa», intesa come rifugio, fonte di quiete, sicurezza. La preghiera ha lo scopo di sopire il timore: pregare significa tornare a casa.

Perché occorre una casa che serva apposta per la preghiera? L'importanza non risiede nell'edificio materiale. L'edificio sacro non è una casa per Dio, bensì per l'Uomo, un luogo nel quale l'Uomo può incontrare Dio. Dio non ha bisogno di una casa. È la casa di Dio nella misura in cui è la casa dell'Uomo. Dio

territorial ownership, in the same way as the wise, as opposed to the erudite, "takes a position" in the intellectual realm.

The same can be said for the spiritual plane. Soloveitchik reminds us of the responsibility the Jew has towards himself and his people. As the intellectual development of an individual passes through the acquisition of wisdom, the latter being superior to a generic erudition, so, according to the Jewish conception, one reaches the larger human values only by building upon the specific and not beginning from a universal abstraction. Once exiled from their land, the Jews found their spatial center in the community. As the focus of Jewish collective life in the Diaspora, the Community is primarily made of spaces. Jewish life, both communal and individual, becomes a reality by visiting or living these spaces. The synagogue is the natural center of each Jewish Community.

Not only does the Jew find himself in exile, but man as such, man in general, lives the experience of exile, as Soloveitchik observes in another essay entitled "The Synagogue, the Institution and the Idea" (in Hebrew). The Jewish exile is nothing other than the historical reflection of a metaphysical experience common to all mankind. Ever since he was thrown out of the Garden of Eden man has been by nature "homeless"; in a way, he is a stranger, exposed to risks of disease and of death, afraid of the dark, uncertain.

The man of low profile, "without a home", needs prayer from the moment he feels fear because he is vulnerable and exposed to a nature which is anything but conciliatory. The "homeless" man, who is looking for a house, is actually in search of God and he reaches him through prayer. Prayer for man, therefore, constitutes "home", intended as a refuge, a source of quiet, security. Prayer, then, has the purpose to calm fear: to pray means to return home.

Why, then, is a house specifically needed for prayer? The importance is not in the physical building. The sacred building is not a house for God, but rather for man, a place in which man can encounter God. God does not need a house. It is a house of God to the extent to which it is the house of man. God makes His presence reside in this house in order to make possible the encounter with man.

2.

fa risiedere la Sua Presenza in questa casa al fine di rendere possibile l'incontro con l'uomo.

La sinagoga assume dunque importanza fondamentale nell'esperienza dell'esilio storico del popolo ebraico. «Perciò così ha detto il Signore Dio: "Allorché li ho allontanati (i figli d'Israele) fra le genti e li ho sparsi fra le varie terre, sono diventato per essi un Santuario in miniatura nelle terre alle quali sono giunti" (*Ez.* 11, 16)». Il Talmud Babilonese (*MEGHILLAH* 29a) commenta che questo versetto si riferisce alle Sinagoghe della Diaspora. E proprio le otto parole che costituiscono quest'ultimo versetto nell'originale ebraico campeggiano, una per lato, nella parte alta del magnifico *DUKHÀN* ottagonale posto al centro della Sinagoga di Carmagnola. Coincidenza di significante e significato nella testimonianza di un messaggio imperituro.

ALBERTO MOSHE SOMEKH
Rabbino Capo della Comunità Ebraica di Torino

The synagogue therefore becomes of fundamental importance in the historical experience of exile for the Jewish population. "Thus saith the Lord our God: 'Although I have removed them far off (the children of Israel) among the nations, and although I have scattered them among the countries, yet have I been to them as a miniature sanctuary in the countries where they have come' (Ezekiel 11:16)". The Babylonian Talmud (*MEGHILLAH* 29a) suggests that this verse refers to the synagogue of the Diaspora. It is precisely the eight words which constitute the last verse in the Hebrew original which stand out, one per side, on the upper part of the magnificent octagonal *DUKHÀN* located in the center of the Synagogue of Carmagnola. Signifier coincides with significance in the testimony of this immortal message.

ALBERTO MOSHE SOMEKH
Chief Rabbi of the Jewish Community in Torino

3. Sinagoga di Carmagnola: il coronamento della *TEVÀ* / Synagogue of Carmagnola: the upper part of the *TEVAH*.

3.

La sinagoga e il sacro nel vissuto ebraico

The Sacred and the Synagogue in Jewish Life

QADOSH, «sacro», QEDUSHÀ, «sacertà», QIDDUSH, «santificazione» (della festa), QADDISH, «santificazione» (del nome di Dio), QIDDUSHIN, «dedicazione» (della sposa al marito): queste e altre derivazioni della radice verbale «QDSH» hanno in comune un significato di «separare uno spazio o un tempo dalle comuni funzioni di tutti i giorni per dedicarli a una funzione privilegiata, di livello molto superiore, in relazione alla Divinità e al suo culto».

Non credo personalmente che la tradizione ebraica rifugga dalla concezione sacrale dello «spazio», riservando solo al «tempo» questo attributo. Basterebbe ricordare il sogno di Giacobbe (Genesi 28, 10-22) e soprattutto il verso 17: «Quanto è degno di timore questo posto! Non può trattarsi che della Casa di Dio e questa è la Porta del Cielo!». Quel «posto» riceverà, appunto, il nome di BET-EL.

Il fatto stesso che i sacrifici e le offerte non dovrebbero essere portate in qualsiasi luogo, ma solo «nel luogo che sceglierà il Signore tuo Dio per porvi a dimora il Suo nome» (Deuteronomio 12, 11), deporrebbe nel senso di privilegiare per il culto una determinata sede.

La «Casa del Signore» edificata dal re Salomone e inaugurata solennemente, introducendovi il Tabernacolo con le Tavole della Legge, dopo la preghiera regale viene «sacralizzata», ma è un atto che compie Dio (I Re 9, 3) quando Egli si rivela in sogno per la seconda volta a Salomone, dichiarandogli «HIQDASHTI ET HA-BAYIT HA-ZÈ», «ho reso sacra questa casa». Si tratta al tempo stesso di un dono e di un monito severo a seguire i precetti divini. La «Casa» non avrà infatti il potere magico di preservare gli Ebrei, nel caso che questi dovessero violare il patto del Sinai. Dunque, il «sacro» non è né il tempo né lo spazio, ma soltanto la volontà di Dio che si vede realizzata nel comportamento del Popolo Ebraico.

Quando il popolo stesso, nell'esilio babilonese, mostra segni di

KADOSH (sacred), KEDUSHÀ (sacredness), KIDDUSH (sanctification - of holidays), KADDISH (sanctification - of God's name), KIDDUSHIN (dedication - of the bride to her husband): these and others derive from the verbal root 'KDSH' and have in common the meaning 'to separate a place or time from everyday common functions in order to dedicate it to a more privileged, superior use in relation to divinity and the celebration of the cult'.

I personally do not believe the Jewish tradition is void of the concept of sacred 'space', and that it limits this quality only to 'time'. It is enough to remember Jacob's dream (Genesis 28:10-22) especially verse 17: "How awesome is this place! This is none other than the house of God, and this is the gate of heaven". That 'place', in fact, was to be called BETH-EL.

The fact that sacrifices and offerings could not be brought to an undefined space but only to "the place in which the Lord your God will choose for His name to dwell" (Deuteronomy 12:11) implies that religious celebration privileged a specific place.

The 'House of God' built by king Salomon was solemnly inaugurated, introducing the tabernacle with the tablets of the law. After the regal prayer, it was 'sanctified' by an act of God (1 Kings 9:3) when he reveals himself in the second of Solomon's dreams declaring "HIKDASHTI ET HA-BEYT HA-ZÈ", "I made sacred this house". It represents, at the same time, a gift and a severe reminder to observe the divine precepts. The 'House' will not have magic power to preserve the Jews, if they should violate the pact of the Sinai. In other words, the 'sacred' is neither time nor space, but only God's will which is manifested in the behavior of the Jewish people.

When the Jewish people, during the Babylonian exile, demonstrated signs of remorse for their sins, which had led to the destruction of the sacred House, they returned to gathering in more modest surroundings to listen to the word of the God of Israel,

4.

4. Sinagoga di Mondovì: l'auletta / Synagogue of Mondovì: the classroom.

resipiscenza dai peccati che hanno portato alla distruzione della Casa sacra e torna a riunirsi, sia pure in luoghi più modesti, per ascoltare la parola del Dio d'Israele, il Profeta Ezechiele (11, 16) parla di un Santuario «in miniatura» (*MIQDASH ME'AT*). Non sappiamo se quei convegni dei fedeli esiliati prefigurassero vere e proprie sinagoghe; certo è che, mentre in ebraico, per generazioni, i «Templi» di Gerusalemme costruiti una prima volta da Salomone e una seconda volta ai tempi di Ezra e Neemia passano con il nome di *BATTÉ MIQDASH* e dovrebbero pertanto essere detti in italiano più propriamente «Santuari», le sedi di preghiera collettiva nella Diaspora, detti *BATTÉ KENESET*, dovrebbero esser dette «Case di raduno» o, con termine greco, appunto, sinagoghe.

C'è un solo posto, nella sinagoga, che merita l'aggettivo «sacro», ed è l'*ARÒN HA QÒDESH*, l'armadio «sacro», che è tale non perché posto in direzione di Gerusalemme, non per le scritte che vi sono apposte, ma solo perché contiene i Rotoli della *TORÀ*. In altre parole, quello che veramente unisce e caratterizza gli Ebrei è la «parola», prima di tutto quella scritta, ma molto presto anche quella orale.

Non so quanta attenzione sia stata prestata dal vasto pubblico a un accessorio indispensabile della sinagoga: il *SIDDUR* o il *MACHZOR*, quel libro di preghiere che serve, certo, per seguire le melodie del *CHAZZAN*, ma che tradizionalmente era segnato da note e da commenti, spesso scritti in quel tipo di corsivo ebraico che va sotto al nome di *KTAV RASHI*. Come un libro di studio. Perché quei libri sono in realtà autentiche antologie di pensiero ebraico, e il fedele frequentatore della sinagoga conoscerà presto o tardi a memoria interi salmi, tutta la *TORÀ*, ampi stralci dei libri profetici, le cinque *MEGILLOT*, passi della *MISHNÀ* e persino della *GEMARÀ*, oltre a molti *PIYUTIM*.

Si dirà: come a scuola.

E dicendo questo non si sbaglierà di sicuro. I nostri vecchi chiamavano *Scola* la sinagoga e, nei paesi di lingua *jiddisch*, *Schul*. E non a caso. Certo, nella sinagoga si svolgeva la preghiera pubblica, ma si trattava spesso dei locali dove anche si studiava, si socializzava, si conservava la stessa Comunità.

Nell'Europa orientale, dove spesso gli insediamenti ebraici avevano il carattere di società articolate, singoli gruppi, anche di ar-

the prophet Ezekiel (11:16), who spoke of a 'miniature' sanctuary (*MIKDASH ME'AT*). We do not know if those meetings of the exiled faithful constituted true synagogues; what is certain is that while in Hebrew, for generations, the "Temples" of Jerusalem (the first time built by Solomon, the second time by Ezra and Nehemiah) were called *BEYT MIDRASH* or, more appropriately, "Sanctuaries", the site of collective prayer in the Diaspora, known as *BEYT KENESET*, is translated as "meeting Houses", or with the Greek word "synagogues".

There is only one place in the synagogue that merits the adjective 'sacred' and that is the *ARÓN HA KÒDESH*, the "holy" Ark. It is sacred not because it is placed in the direction of Jerusalem, nor for the writings that decorate it, but because the *TORAH* Scrolls are housed in it.

In other words, what truly unites and characterizes Jews is the 'word', above all the written word, followed closely by the spoken one.

I do not know how much attention was paid by the larger public to an indispensable accessory of the synagogue: the *SIDDUR* or the *MACHZOR*, the prayer book. This serves, certainly, for following the melodies of the *CHAZZAN*, but it was also traditionally marked by notes and comments, often written in the cursive Hebrew that is called *KTAV RASHI*, as if it were a study book. Because these books are actually authentic anthologies of Jewish thought, the faithful who regularly attended the synagogue would sooner or later know by heart entire Psalms, all the *TORAH*, large parts of the book of prophets, the five *MEGILLOT*, parts of the *MISHNAHT* and even of the *GEMARÀ*, as well as many *PIYYUTIM*.

One would say: as if at school. And by doing so, one certainly does not err. Our ancestors called the synagogue *Scola*, and, in Yiddish speaking countries, *Schul*. This is not by chance. Certainly, public prayer was performed in the synagogue, but it was also the place in which one studied, one socialized, and the Community itself was preserved.

In eastern Europe, where Jewish settlements were articulated societies, individual groups, even artisans, could have their own synagogues. In Italy, where Jewish settlements were often small, consisting of only a few families, but widely spread over the ter-

5.

tigiani, potevano avere le proprie sinagoghe. In Italia, dove gli insediamenti ebraici sono stati spesso piccoli per il numero delle famiglie ma largamente diffusi sul territorio, due cose relativamente stabili e durature non mancavano mai: la sinagoga e il cimitero. La sinagoga non aveva mai il carattere sontuoso e monumentale della chiesa cristiana, anche perché la sua funzione richiedeva più essenzialità e parlava più al suo interno, ai suoi Ebrei, che non al suo esterno. Questo faceva nascere cupe dicerie e sospetti di tesori nascosti. Narra la leggenda dell'antica Sinagoga di Cracovia che, assaltata a scopo di saccheggio da un gruppo feroce di *haidamaki*, si librasse in aria ai loro occhi sbalorditi, per riportarsi da sola in sede non appena si furono ritirati.

Sotto l'influenza dell'ambiente italiano e soprattutto dopo l'Emancipazione, anche la sinagoga in Italia andò modificando il suo ambiente esterno e persino quello interno, acquisendo le caratteristiche esclusive del luogo di culto, del «Tempio», al punto da essere a volte chiamata «la chiesa degli Ebrei».

La sinagoga diventa così, oggi, un mirabile testimone della storia ebraica. Essa ne segna le tappe, a partire da una migrazione di piccoli gruppi alla ricerca di una Terra ospitale e di un'attività economica che ne garantisca la vita materiale, oltre che una residenza da gruppo compatto per assicurarsi da violenze e per condurre la vita secondo le norme tradizionali; a continuare con brevi periodi di serenità e interazione con la popolazione cristiana locale; per poi essere condannati alla residenza coatta nel «Ghetto»; terminando con le speranze e le illusioni dell'Emancipazione, bruscamente troncate dalla catastrofe della *SHOÀ*.

È così che oggi tanto spesso resta la sinagoga dove la comunità dei viventi è solo un ricordo. Non resta però solo come un muto testimone. Si erge come un ricordo di cultura del passato e come un invito alla civile convivenza per coloro che sono qui al presente e per le future generazioni.

Amos Luzzatto

ritory, two relatively consistent and enduring elements were never missing: the synagogue and the cemetery. The synagogue was never sumptuous in character nor monumental as in the Christian church, also because its function required a more essential nature and, to Jews, its interior had to be more expressive than its exterior. Because of this, dark rumors were born, as were suspicions of hidden treasures. The legend of the ancient Synagogue in Cracow narrates that, during an attack by a ferocious group of *haidamaky* intent on its plunder, the synagogue vanished into thin air in front of their astonished eyes, only to return to its original position as soon as the *haidamaky* had retreated.

Under the influence of the Italian cultural climate, especially after Emancipation, synagogues in Italy began to modify their exterior, and even their interior, becoming more exclusively prayer halls, 'Temples', to the point that they were sometimes called "the church of the Jews".

In this way, the synagogue, today, becomes an admirable testament to the history of the Jews. It marks a sequence of events, beginning with the migration of small groups in search of a hospitable Land and a commercial activity in order to secure their material survival, as well as a home for these compact groups which insured them against violence and permitted them to live their lives according to their traditions; followed by brief periods of serenity and integration with the local Christian population; to then be condemned to live in ghettos; ending with the hopes and illusions of Emancipation, abruptly truncated by the catastrophe of the Holocaust.

For this reason the synagogue often remains today in places where a living Jewish population is only a memory. But it does not stand as a mute testimony. It is a reminder of a cultural past and an invitation to civil coexistence for those of the present and future generations.

Amos Luzzatto

6. Sinagoga di Carmagnola: *ARÒN* | Synagogue of Carmagnola: *ARÒN*.

6.

INTENZIONI

La Sinagoga di Carmagnola era il cuore dell'antico Ghetto; oggi che la piccola comunità ebraica è estinta e gli edifici del Ghetto riassorbiti nel tessuto della città stessa, il rustico edificio e la preziosa Sala di preghiera (insieme con il cimitero ottocentesco) sono tutto ciò che resta della presenza ebraica.

La Sala di preghiera, collocata al primo piano di un edificio preesistente alla Sinagoga, è stata completamente restaurata e resa visitabile, mentre al piano terreno è stata allestita la mostra permanente dal titolo «Parole, immagini, oggetti e architetture delle sinagoghe piemontesi». La mostra intende introdurre alla visita delle altre sinagoghe della regione - meta di percorsi turistici e culturali da parte di un pubblico in questi anni molto ampio - e documentare lo sforzo compiuto per restaurare gli edifici e conservare le tracce della presenza ebraica.

Presenza oggi ormai notevolmente ridotta e forse destinata a scomparire dalle piccole città in cui, invece, si erano formati, nei secoli XV e XVI, i primi consistenti insediamenti ebraici della nostra regione. Dunque, solo in pochissimi casi queste sinagoghe sono destinate a ritornare ad accogliere un sia pur piccolo nucleo di Ebrei che intendano riunirvisi almeno nelle particolari solennità. Nella maggior parte dei casi, ciò che resta è la flebile testimonianza di una storia ormai conclusa.

Il restauro del manufatto per consegnarlo alla sola contemplazione, a una memoria congelata, potrebbe addirittura configurare una forma d'idolatria - e il rifiuto dell'idolatria è uno dei caratteri costitutivi dell'Ebraismo, osservato con estremo rigore.

In effetti, fino a pochi decenni or sono era ritenuto preferibile, nelle nostre comunità ebraiche, smantellare le sinagoghe in disuso e inviarne gli arredi in Israele, dove avrebbero potuto essere nuovamente utilizzati per il culto, piuttosto che essere accantonati in musei.

INTENTIONS

The Synagogue of Carmagnola was the heart of the town's ancient Ghetto. Now that the small community of Jews is gone and the buildings of the Ghetto have been reabsorbed into the urban fabric, the plain building and the elegant Prayer hall (together with the nineteenth-century cemetery) are all that remain of the Jewish presence.

The Prayer hall, located on the first floor of a building which pre-existed the Synagogue, has been completely restored and made accessible to the public. On the ground floor an exhibition entitled "Words, objects, images, and architectures of piedmontese synagogues" is on permanent display. The exhibition serves as an introduction to a visit to other synagogues in the region - locations that have become a growing part of cultural and touristic itineraries over the last few years - and it documents the efforts made to restore and conserve these traces of the Jewish presence. This presence today is notably diminished and is perhaps destined to disappear completely from those small towns in which the first stable Jewish settlements of our region were formed in the fifteenth and sixteenth centuries. For this reason, only in a few cases can these synagogues return to their religious use for the small nucleus of remaining Jews. In the majority of cases, what remains is just a feeble testimony of a story that has by now ended.

Restoring the structure for the sole purpose of contemplation, like a frozen memory, could potentially be interpreted as a form of idolatry - and a complete refusal of idolatry is one of the founding principles of Judaism, one which is rigorously observed.

In fact, until a few decades ago it was considered preferable, in our Jewish communities, to dismantle the synagogues not in use and send the furnishings to Israel, where they could continue their religious functions, rather than being stored away in some museum.

Quali ragioni possono allora giustificare lo sforzo di conservare i reperti di una vicenda conclusa? Dall'esperienza maturata nei restauri che le comunità ebraiche piemontesi hanno tenacemente condotto in questi anni, ci paiono emergere alcune risposte.

Legami affettivi. Le sinagoghe, insieme con i cimiteri e con le altre testimonianze della presenza ebraica nel territorio, non sono in realtà del tutto assenti dalla devozione degli Ebrei di oggi: molte famiglie mantengono vivo il ricordo delle loro origini e il legame affettivo con quei luoghi è ancora forte; sia pur saltuariamente, quegli ambienti sono visitati e per quanto possibile accuditi. Ma questa ragione da sola non sarebbe ancora sufficiente.

Testimonianze. Spesso l'intolleranza e il pregiudizio sono frutto dell'ignoranza; poco o nulla si sa degli Ebrei, soprattutto nei luoghi dove la loro presenza è ormai lontana nel tempo e dunque le sinagoghe sono state e possono continuare a essere presidi di convivenza tra culture. Con la loro presenza sul territorio costituiscono una preziosa testimonianza di identità diverse: identità religiosa, culturale, storica. Quando, come oggi, un'identità dominante sembra esprimere inquietudine, se non addirittura ostilità, nei confronti di ciò che sta al di fuori di sé, in quelle architetture, in quegli ambienti e in quegli arredi resta custodita la ricchezza e la complessità implicita nel concetto di differenza.

Memoria e contesto. Le sinagoghe, così come le altre testimonianze della vita ebraica, pur essendo la proiezione materiale di nuclei di identità differenti da quelli predominanti nel territorio del loro insediamento, non sfuggono alla considerazione: i luoghi, i materiali e le tecniche costruttive, le abilità degli artigiani, i vocabolari decorativi, le norme cui gli edifici dovevano prestare obbedienza, tutti questi aspetti e altri ancora nascono dal doversi misurare con le realtà locali in cui sono nati. La loro testimonianza può essere compresa tanto più correttamente quanto più è evidente e concreto quel loro rapporto con il contesto storico e territoriale in cui hanno affondato le proprie radici.

Tassonomie. Gli schemi dello spazio rituale, nel nostro contesto territoriale, parrebbero riconducibili a pochi tipi ricorrenti; si distinguono a seconda della posizione dei tre principali elementi all'interno della Sala di preghiera: la Tribuna dell'oratore, l'Armadio Sacro contenente i Rotoli della *TORÀ* (per il quale è prescritta la collocazione a est), il pubblico maschile e femminile (necessariamente separati). La sinagoga a pianta centrale,

7.

7. Sinagoga di Carmagnola: nuovo ingresso su via Bertini / Synagogue of Carmagnola: the new entrance on via Bertini.

con l'officiante al centro e la comunità dei fedeli intorno, viene ritenuta l'impianto tipico della tradizione piemontese; la sinagoga a pianta longitudinale, dove Armadio e Tribuna si combinano e i fedeli sono disposti in banchi ortogonali all'asse centrale e rivolti verso di loro, si diffonde prevalentemente nel clima culturale che accompagna l'Emancipazione[1].

Questi modelli ideali si mescolano, si confondono, si adattano agli ambienti e alle circostanze e producono reali e specifiche configurazioni ogni volta con una loro preziosa identità. Proprio per questa combinazione d'infinite variabili, dove gli statuti simbolici e le prescrizioni rituali, che richiamano alla dimensione dell'assoluto, si mescolano con le intrusioni della dimensione contingente, ogni sinagoga costituisce un caso a sé, difficilmente riconducibile a categorie tassonomiche rigorose. Ogni caso rappresenta un'identità cui sarebbe sentimentalmente penoso e culturalmente sbagliato rinunciare.

Ebraismo e architettura

In che cosa sono davvero differenti le architetture delle sinagoghe da quelle degli altri luoghi di culto presenti intorno a noi? Cambiano le forme, le articolazioni spaziali, i linguaggi, ma nello stesso tempo restano indistinguibili le tecniche costruttive, i codici linguistici e spesso anche le mode, il gusto, i repertori espressivi, introdotti dai costruttori delle sinagoghe che erano per lo più gli stessi che realizzavano e allestivano le chiese e i palazzi all'intorno: proprio questa sovrapposizione di identità e differenze ci riporta alla particolarità della condizione ebraica nella Diaspora, nell'essere gli Ebrei a un tempo estranei e insieme partecipi dei luoghi in cui si sono - a volte da lunghissimo tempo - insediati. Non è un caso che gli Ebrei, lungo la loro storia, abbiano prodotto un patrimonio culturale particolarmente ricco nel campo delle lettere, del teatro e della musica - il divieto di raffigurare immagini di persone o animali ha sicuramente condizionato l'espressività nel campo delle arti figurative - e non si siano misurati, se non negli ultimi centocinquant'anni, con il linguaggio dell'architettura.

La sinagoga, luogo di riunione e preghiera per gli Ebrei dispersi nell'Esilio, non è il Santuario di Gerusalemme, luogo simbolo di un'unità tra popolo e terra ormai perduta. L'Antico Testamento e le molte ricostruzioni congetturali tracciate in diversi momenti della storia ci forniscono una descrizione del Santuario come spazio fortemente strutturato, luogo centrale e unico,

What reasons can justify the effort to conserve the artifacts of an event by now concluded? From the experience matured in the restoration that the Jewish communities of Piedmont have tenaciously conducted in the recent past, a few answers seem to emerge. *Emotional attachment.* For the Jews of today the synagogues, cemeteries and other testimonies of Jewish presence in the region still hold a meaning: many families maintain vivid memories of their origins and the emotional attachment to these places is still strong, even if these sites are visited only occasionally and maintained whenever possible. But this reason alone would not be sufficient.

Testimony. Often intolerance and prejudice are the fruit of ignorance; little or nothing is known of Jews, especially in the places where their presence is by now distant in time. The synagogues were, and can continue to be, guardians of the coexistence between cultures. With their widespread presence throughout the territory, they are a valuable testimony of different identities: religious, cultural and historical identity. When, as today, within the social context a predominant identity seems to express unease, if not outright hostility, towards that which is other, the synagogue's architecture, spaces, and furnishings preserve and nourish the richness and complexity implicit in the notion of difference.

Memory and context. Although the synagogues, as well as the other testimonies of Jewish life, are the material projection of a nucleus of identity, which differs from the dominant one surrounding it, they do not escape the consideration that knowledge of an artifact is inseparably intertwined with the context in which it is immersed: the places, materials, and construction techniques, the artisans' abilities, the decorative vocabulary, and the local building codes and norms, all these aspects and others emerge from the local environment.

Taxonomy. The structure of the ritual spaces, in our territorial context, can be reduced to a few recurrent types, distinguished by the relative placement of the three principal elements within the Prayer hall: the Tribune (*TEVAH*) of the orator, the Holy Ark (*ARÓN HA KÒDESH*) containing the Scrolls of the *TORAH* (generally placed on the eastern wall), and the male and female public spaces (necessarily separated). A synagogue with a centralized plan, the officiant in the center and the community of faithful seated around him, is the most typical form found in the Piedmontese tradition. A different type was adopted pri-

8.

9.

10.

8-11. La mostra /
The exhibition.

11.

marily in the cultural climate of the Emancipation, namely the synagogue with a longitudinal plan where the Holy Ark and the Tribune are combined, while the faithful are seated orthogonally along the central axis looking towards them.[1]

These ideal models are mixed, varied and adapted to the specific environment and circumstances, each time producing a unique form with its own rich identity. Each synagogue is a singular situation where the absolute, expressed by the ritual prescriptions and symbolic rules, is contaminated by chance. It is precisely this combination of infinite variables that makes it difficult to create a rigorous system of classification. The destruction of any one of these individual identities would be a profound cultural and emotional loss.

Judaism and Architecture

In what way is the architecture of the synagogues truly different from other religious structures present around us? The forms, spatial articulation, and languages are unique to the synagogues while the construction techniques, linguistic codes, fashions, and expressive repertoire were often similar to other contemporary structures. Frequently, the same builders and artisans who built the synagogues also built the churches and palaces that surrounded them. Precisely this overlaying of identity and differences defines the particularity of the condition of the Jews in the Diaspora. By being Jews they are at the same time outsiders and active members of the community where they live and have lived, often for centuries. Not by chance the Jews, in their long history, have produced a cultural patrimony particularly rich in the fields of literature, theatre, and music. The prohibition of the representation of images of people and animals certainly conditioned their expressiveness in the field of the figurative arts. Only in the last 150 years have they experimented with the language of architecture.

The synagogue, a place for reunion and prayer for Jews scattered in exile, is not the Sanctuary of Jerusalem. This Sanctuary is a symbolic location of the lost unity between a people and their land. The Old Testament, as well as the many conjectural reconstructions traced in different monuments throughout history, offers a description of the Sanctuary as a strongly structured space, a central and unique area, the setting of a ritual marked in space and time, consistently different from the rites and customs affirmed in the synagogal tradition. The synagogue is de-

12-13. La mostra / The exhibition.

12.

13.

sede di un rito scandito nello spazio e nel tempo in modo consistentemente diverso dai riti e dai costumi affermati nelle tradizioni sinagogali. Lo statuto della sinagoga è invece quello di adeguarsi alla condizione plurale e dispersa, e la sua incompiutezza costituisce un segno materiale posto a memoria della distruzione del Santuario: la santità del luogo è quella della santità dell'umano, più ancora che del divino[2].

Nel *KIZUR SHULCHAN ARUCH*, compendio di norme destinate a guidare l'Ebreo nella vita quotidiana, redatto nell'Ottocento da Rabbi Shlomoh Ganzfried, al capitolo 126 si legge che, secondo le regole dettate dagli antichi Saggi, nessun edificio costruito da un Ebreo debba essere intonacato e affrescato come un palazzo regale e che in esso debba essere lasciata, di fronte all'ingresso, una porzione di muro priva di intonaco, corrispondente a una superficie di un cubito per un cubito, per ricordare in questo modo la distruzione del Santuario[3].

In quella che a prima vista appare come una regola rivolta al comportamento pratico, pare a noi invece sia tracciato il nucleo di un paradigma di architettura radicalmente diverso da quello che la tradizione classica ha trasmesso alla cultura occidentale. Quel che è certo è che, dalla distruzione del Santuario in poi, sono state le stesse vicissitudini storiche che gli Ebrei hanno subito nella Diaspora ad aver contribuito ad affievolire la forza seduttiva di un'idea di compiutezza, di permanenza, di ideale perfezione al di fuori del tempo, che possa essere trasferita negli oggetti fabbricati dall'uomo. Nel portato della condizione storica, nell'esito materiale delle vicende degli Ebrei si ritrova, con straordinaria sintonia, quello stesso rifiuto incondizionato dell'idolatria: il categorico ripudio di ogni tentativo di trasferire, nella limitata e fragile condizione della materia, l'ineffabile espressione dell'Assoluto.

Solo nei decenni immediatamente successivi alla promulgazione dello Statuto Albertino (nel resto d'Europa la storia procedeva in modo parallelo), nuove sinagoghe furono realizzate come libera ed esplicita rappresentazione di un'identità religiosa. Quegli edifici nacquero fin dal principio come sinagoghe, dopo essere state finalmente affrancate dai vincoli posti affinché la loro presenza non suscitasse scandalo, ma dopo aver anche reciso i legami con il fitto e vitale intreccio della vita del ghetto. I loro progettisti dovettero affrontare il difficile compito di identificare un linguaggio e un repertorio simbolico appropriati, in quella che Donatella Calabi chiama la «battaglia degli stili»[4].

fined by adjustment and adaptation to multiple and varying conditions. Its incompleteness constitutes a physical reminder of the destruction of the Sanctuary. The sanctity of the place is the sanctity of man, more than the sanctity of the divine.[2]

In the *KITZUR SHULCHAN ARUCH*, a collection of norms intended to guide the Jews in daily life, edited in the nineteenth century by Rabbi Shlomo Ganzfried, one reads in chapter 126 that the ancient Sages dictate that no building built by a Jew should be lime plastered and painted as a royal palace would be. In each one, in front of the entry, a one cubit by one cubit surface should be left unplastered as a reminder of the destruction of the Sanctuary.[3]

At first reading this seems to codify a practical behavior, but to us it seems rather to outline an architectural paradigm, a radically different one from the classical tradition transmitted by Western culture. What is certain is that, from the destruction of the Sanctuary onwards, the very same historical vicissitudes suffered by the Jews in the Diaspora weakened the seductive force of an idea of completeness, of permanence; they undermined the ideal of a perfection outside of time, which could be transferred to objects made by man. In the legacy of the historical condition, in the material results of the Jewish experience, we rediscover, with extraordinary harmony, that same unconditional refusal of idolatry, the categorical repudiation of every attempt to transfer the ineffable expression of the absolute in the limited and fragile nature of the material.

Only in the decades immediately following the Albertine Statute of 1848 (in the rest of Europe the situation proceeded in a parallel fashion) were new synagogues able to be a free and explicit representation of a religious identity. These buildings were born as synagogues. The building type had been freed from the limits previously imposed upon it, so that its presence did not stimulate scandal. But after having also severed the ties with the intricate and vital weave of ghetto life, their designers had to face the difficult task of identifying a language and a repertory of appropriate symbols, in what Donatella Calabi called the "battle of the styles".[4] In those post-Emancipation synagogues Jews believed they could celebrate the end of the state of exile through a rhetorical emphasis of forms and language. That generous, naive energy that seemed to signal the conquest and a definitive break from centuries of exile would reveal itself a tragic error in the course of few years.

In quelle sinagoghe gli Ebrei credettero di poter celebrare, attraverso l'enfasi retorica delle forme e dei linguaggi, la fine della condizione di esiliati. Quel generoso, ingenuo slancio che sembrava segnare una conquista e un definitivo distacco dalla secolare tradizione dell'Esilio si sarebbe rivelato nel volgere di pochi anni un tragico errore.

Le sinagoghe che incontriamo nel nostro itinerario nascono per lo più come soluzione precaria, segnata dalla fragilità della condizione giuridica degli Ebrei; ma quelle sinagoghe erano al tempo stesso espressione orgogliosa e gioiosa dell'identità, della fede, della coesione sociale di chi le frequentava; un'identità radicata nella storia e insieme proiettata in un progetto di futuro, nell'attesa di un compimento: il ritorno a una patria lontana nel tempo e nello spazio e la realizzazione di un'idea etica del mondo.

Ciò che qui in definitiva si intende affermare è che questo minuto arcipelago di luoghi di preghiera disseminati nel territorio e affidati alle incertezze del tempo testimonia una spiritualità salda e profonda che si esprime attraverso una monumentalità diversa da quella della tradizione classica occidentale: mentre il monumento classico, statico e definitivo, esibisce una sua esplicita e perentoria alterità e tenta di proiettarsi al di là del contingente attraverso la ricerca di una verità metafisica, assoluta e universale[5], le antiche sinagoghe propongono una monumentalità in continua trasformazione, lieve e insieme estremamente intensa.

Il restauro della Sinagoga di Carmagnola

L'avvio del percorso che avrebbe portato al restauro della Sinagoga risale agli anni settanta dello scorso secolo, quando già da alcuni decenni gli ambienti erano caduti in disuso, la comunità ebraica locale dispersa e l'involucro edilizio profondamente compromesso dai dissesti. Molti progetti e progettisti si avvicendarono e molti ostacoli si frapposero alla realizzazione dell'opera. Il problema principale era costituito dalla necessità di reperire sufficienti risorse finanziarie, ma anche altre questioni di carattere più concettuale e tecnico si ponevano immediatamente: la città di Carmagnola si era trasformata, erano mutati gli abitanti, le proprietà, le funzioni, non vi erano più cittadini ebrei,

The synagogues we encounter in our itinerary originated mostly as a precarious solution, conditioned by the fragility and unstable legal condition of the Jews. At the same time those synagogues were a proud and joyful expression of identity, of faith, and of social cohesion. This identity was deeply rooted in history while at the same time projected towards the future, in the hopeful expectation of achieving the return to a homeland far away in time and space, as well as realizing an ethical idea of the world.

In conclusion, we maintain that, in this minute archipelago of prayer halls scattered over the region, entrusted to the uncertainty of time, is a testimony to a solid and profound spirituality that is expressed through a monumentality that differs from classical Western tradition. While a classical monument is static and definitive, and exhibits its explicit and unquestionable otherness while attempting to go beyond chance in the search for a metaphysical truth, absolute and universal,[5] the ancient synagogues propose a monumentality in continuous transformation, subtle but extremely intense.

The Restoration of the Synagogue of Carmagnola

The path that led to the restoration of this Synagogue began in the 1970s, when it had already fallen into disuse for several decades. The local Jewish Community was gone and the building exterior was severely damaged by time. Many projects and many architects came and went, and many obstacles slowed its completion. The primary problem was a lack of sufficient funding, but there were also questions of a more conceptual and technical nature that were posed from the very beginning. The town of Carmagnola had changed, the inhabitants had evolved, as had the owners, and the functions. There were no more Jewish residents; new buildings had risen around the Synagogue and the original entrances, which were solely from within the ghetto, were not entirely legible, nor even usable.

Only the building of the Synagogue and, in its interior, the Prayer hall, had remained unchanged in appearance, even if only as a sort of abandoned and isolated relic. In the meantime the main wooden furnishings had been disassembled, restored and stored, while waiting to be returned to their original positions,

14.

nuovi edifici erano sorti intorno alla Sinagoga e non erano più interamente leggibili, e neppure praticabili, i percorsi che avevano permesso, fin dalla sua origine, di accedervi solo dall'interno del ghetto.

Solo l'edificio della Sinagoga e, al suo interno, la Sala di preghiera erano rimasti immutati nell'aspetto, sia pure come una sorta di relitto isolato e abbandonato. Nel frattempo i principali arredi lignei erano stati smontati, restaurati e custoditi in attesa di poter essere ricollocati negli ambienti originali, una volta che questi fossero stati resi nuovamente utilizzabili. Occorreva rifare il tetto, sostituire i serramenti esterni con altri in grado di garantire tenuta e sicurezza, realizzare nuovi impianti elettrici e idraulici, ma occorreva anche aprire un nuovo accesso verso la strada pubblica, dove mai era stato, introdurre ambienti di servizio e trovare spazio per una nuova scala, in grado di condurre fino al matroneo. I dissesti delle strutture portanti e i nuovi requisiti normativi richiedevano un radicale intervento di consolidamento strutturale, incompatibile con le dimensioni e le caratteristiche originali dei muri portanti e dei solai. L'indagine stratigrafica aveva rivelato la presenza di una vivace decorazione settecentesca che poteva essere pressoché integralmente riportata alla luce, cancellando però la successiva decorazione tardo-ottocentesca, che ne riproponeva le stesse partiture architettoniche con colori decisamente più sommessi e gravi. Soprattutto, si poneva la necessità di riflettere sulla funzione che l'edificio avrebbe assolto una volta restaurato, dal momento che le occasioni di praticarvi il culto sarebbero state assai rare.

Insomma, si poneva un problema che andava oltre la semplice conservazione e comportava la necessaria intrusione di elementi di novità che, oltre a essere attenti e delicati, avrebbero dovuto instaurare un dialogo con tutto ciò che invece rimaneva di antico, originale, prezioso. Insieme si poneva un altro problema: il restauro avrebbe restituito leggibilità e integrità a un edificio di particolare bellezza, ma avrebbe inevitabilmente cancellato, insieme con la polvere e le lacune, quella patina del tempo che costituisce una parte consistente del fascino delle cose antiche e che per una sinagoga, in particolare, testimonia che la «storia» è una presenza costante in quella che viene oggi definita «condizione ebraica».

Come sempre avviene, ancora una volta il «restauro» non poteva che trasformarsi in «progetto», riscoprendo tracce ormai di-

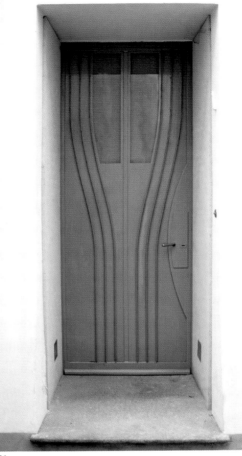

15.

16.

17.

15-17. Particolare della nuova porta d'ingresso e incisioni ai lati della porta d'ingresso / Detail of the new entrance door and engravings on the sides of the door.

menticate, suggerendo possibili relazioni e, soprattutto, introducendo nuovi elementi architettonici e nuove interpretazioni possibili, capaci di sovrapporsi e integrarsi, senza prevaricare, con l'originale identità del luogo.

Così, oggi, la rustica facciata verso via Bertini è tagliata da un'apertura netta e arretrata, che ne interrompe bruscamente il tessuto murario e introduce agli ambienti interni che accolgono la mostra permanente; una sequenza di archi metallici vetrati separa il porticato interno dalla corte su cui originariamente si affacciava; una nuova scala, che s'insinua nel piccolo spazio lasciato fra il vestibolo e la sala, collega i tre livelli dell'edificio. L'immagine attuale è sensibilmente diversa e sorprendente rispetto a quella che è rimasta impressa nella memoria di quei pochi che hanno potuto visitare la Sinagoga in un passato ormai lontano.

Il progetto espositivo
Della complessità, della ricchezza e dei chiaroscuri di queste riflessioni intorno a un tema così vasto e difficile abbiamo cercato per quanto possibile di dar conto, nello spazio breve e nel linguaggio necessariamente conciso della mostra, attraverso alcune scelte espositive, che qui vale la pena di segnalare.
Aggiornamenti. La mostra rappresenta una sezione temporale definita, lo stato di fatto, così come oggi appare, dei restauri delle sinagoghe piemontesi. Oltre alle dieci schede in cui sono descritti i caratteri principali delle sinagoghe ancora esistenti in Piemonte, due casi - la settecentesca Sinagoga di Carmagnola, che ospita la mostra, e l'ottocentesco Tempio Israelitico di Torino - sono descritti con maggiore approfondimento (nella mostra con un video, nel catalogo necessariamente con testi e immagini) come tipici del periodo storico che precede l'Emancipazione e di quello immediatamente successivo. Un oggetto ispirato alla semplice eleganza di alcune lampade sinagogali - un piccolo vezzo dei progettisti, «Il glossario» costituisce una sorta di ostacolo fisico che il visitatore è costretto a guardare e ad aggirare, per poter continuare il proprio percorso, contiene la traslitterazione e la traduzione in italiano delle principali parole ebraiche utilizzate nei testi di accompagnamento.
Il percorso che potrà condurre nel prossimo futuro alla conclusione dei restauri delle sinagoghe di proprietà delle comunità ebraiche piemontesi è ormai consolidato e documentato. Resta

once the Synagogue was again usable. The roof needed to be redone; the windows replaced with others that could provide security and protection from the elements; new plumbing and electrical systems had to be installed. Significantly, new access from the public street needed to be created where it had never existed before. Spaces had to be found for totally new services and for a new stair to the women's gallery as well. The damage to the load-bearing walls and new structural norms required radical reinforcement that was incompatible with the dimensions and character of the original structure. Research revealed the presence of a colorful eighteenth-century decorative motif that could almost integrally be recovered, but it meant eliminating the later decorations from the end of the nineteenth century. This second layer outlined the same architectural rhythms with colors decidedly more subdued and somber. Above all, the possible functions the building would serve once it had been restored were considered, given that it would be used extremely rarely for religious practice.

In short, the problems faced went well beyond simple conservation and required the insertion of new elements that, besides being sensitive and delicate, had to establish a dialogue with all that was historic, original and unique still remaining.

Together these issues gave rise to another set of problems. Restoration would have returned the legibility and integrity of one building of particular beauty, but it would inevitably have canceled, along with the dust and the discontinuities, that evocative coat of time that historical buildings can have, and that in the synagogue, in particular, testify to the fact that 'history' is a constant presence in what is today defined as the "Jewish condition".

As always happens, the 'restoration' was transformed into a 'project', forgotten traces were rediscovered, suggesting possible interrelations and, above all, introducing new architectural elements and new possible interpretations capable of overlapping and integrating with each other, without overwhelming the original identity of the space.

Today the plain facade of via Bertini is cut into by a clean, setback opening that brusquely interrupts the progression of the wall and leads to the internal environment and the rooms of the permanent exhibition. A sequence of glazed metal arches separates the internal porch from the court onto which it once opened. A new stairway insinuates itself in the small space left between the vestibule and the hall and connects the building's

18.

18. Installazione
con video e modelli /
Installation with
video and models.

invece un settore ancora da approfondire, che riguarda altri edifici dove sono leggibili tracce importanti di antichi insediamenti ebraici, che oggi appartengono a proprietà diverse e frammentate, ormai prive di qualunque relazione con le istituzioni ebraiche. Eppure, anche in questo caso, occorre segnalare che la sensibilità nei confronti delle testimonianze del mondo ebraico è cresciuta, tanto che a Trino e a Chieri sono state realizzate interessanti iniziative di conservazione e restauro da parte di enti e di privati.

Dunque la mostra potrà nel tempo crescere (compatibilmente con gli esigui spazi a disposizione) ed essere perfezionata; le schede ⁄ semplici stampe su carta ⁄ potranno essere in futuro facilmente aggiornate e integrate, le teche arricchite con nuovi e diversi oggetti dedicati al culto e i video proiettati sui monitor modificati o sostituiti.

Oggetti e tempo. La maggior parte delle sinagoghe descritte nella mostra non potrà più assolvere alla funzione di luoghi di aggregazione delle comunità di Ebrei locali, eppure l'Ebraismo non è una categoria affidata solamente alla storia: è piuttosto espressione civile e religiosa vitale di una minoranza che è sempre più concentrata nelle principali città, e che è consapevole di appartenere a un luogo e a un tempo reali. Anche per questa ragione, gli oggetti di culto esposti non sono rari e preziosi: in parte sono ottenuti da calchi di manufatti originari della Sinagoga di Carmagnola, in parte sono prelevati, temporaneamente e con possibilità di avvicendamento, dal patrimonio raccolto dalla Comunità Ebraica di Torino e dall'Archivio Terracini.

Si tratta dunque di oggetti ordinari, che contribuiscono a documentare un rito che tuttora viene officiato e che comporta necessariamente il pensiero e l'azione di persone, espressioni concrete di una presenza umana che è necessaria a ricostruire il nesso tra le antiche sinagoghe del passato e gli Ebrei della contemporaneità.

Il contesto. Le antiche sinagoghe piemontesi sono strettamente correlate ai ghetti, che sono ancora in parte leggibili nel tessuto abitativo circostante; abbiamo perciò ritenuto necessario accompagnare ogni informazione con immagini riferite alla loro collocazione nella continuità delle strade, delle piazze, degli isolati. In questo modo è possibile comprendere il rapporto tra sin-

three levels. The current image is noticeably different and surprising if compared to what is impressed in the memories of the few who were able to visit it in what is now a distant past.

The Design of the Exhibition

Within this brief space and the necessarily concise language of the exhibit, we have tried to give an account of the complexity, the richness, and the chiaroscuros of these reflections on a vast and difficult theme, by using some exhibition choices that are worthwhile highlighting here.

Updating. The exhibition represents a defined temporal moment, the current state, which is the state of the restorations of the synagogues of Piedmont as they appear today. Aside from the ten fact sheets where the main characteristics of the existing Piedmontese synagogues are illustrated, two cases are described in greater depth: the Synagogue of Carmagnola from the eighteenth century, which also houses the exhibition, and the Israelite Temple of Torino from the nineteenth century (in the exhibition they are described in video, while in the catalogue, necessarily with texts and images). The first is typical of the historical period that preceded the Emancipation and the second is typical of that which immediately followed it. An object inspired by the simple elegance of some synagogal lamps ⁄ a small indulgence of the designers, 'the glossary' ⁄ constitutes a sort of physical obstacle to the visitor who must look at and move around it, in order to proceed along his path. It contains the transliteration and the Italian translation of the most significant Hebrew words used in the accompanying texts.

The conclusion of the restoration of all the synagogues belonging to the Jewish Community of Piedmont is nearly complete, and is now consolidated and documented. There is, however, an area that still needs to be pursued. It includes those buildings in which there are still important, legible traces of ancient Jewish settlements, but which today belong to others with no relationship to Jewish institutions. It should be noted, however, that even in these cases the sensitivity to the legacy of the Jewish world has been growing to such a degree that interesting projects of conservation have been completed in Trino and Chieri by institutions and private individuals.

19.

20.

21.

22.

23.

19/20. La mostra / The exhibition.

21/23. Nuova scala interna / New internal staircase.

golo edificio, tessuto urbano, spazio pubblico. A compendio dei riferimenti storici relativi alla realizzazione delle sinagoghe, una cronologia dei principali eventi che hanno segnato le tappe dell'Ebraismo in Italia e in Piemonte permette di collocare gli edifici in un preciso contesto temporale.

Diversi livelli di lettura. La mostra è rivolta a un pubblico necessariamente eterogeneo: scolaresche, turisti, curiosi, esperti e studiosi, persone diverse per età, cultura, competenza, interesse, tempo. L'ordinamento espositivo è stato concepito utilizzando tecniche e modalità differenti e in modo da permettere più livelli di lettura, a seconda della maggiore o minore attenzione che i diversi visitatori intendono dedicare ai testi e alle immagini: i concetti e le informazioni essenziali sono evidenziati, in modo che anche una breve visita permetta di coglierne una sintesi significativa; in parallelo abbiamo ritenuto opportuno suggerire momenti di riflessione più approfonditi.

Il percorso fotografico conclusivo. Si è scritto che ogni sinagoga costituisce un caso a sé e che in quei muri sono impresse molteplici, irripetibili storie. Narrazioni che possono coinvolgere differentemente chi le ascolta e, come in un caleidoscopio, rivelare a ogni sguardo immagini diverse, suscitare emozioni che hanno a che fare con la partecipazione e la sensibilità di chi le interroga. Storie ed emozioni diverse possono produrre, come ogni architettura ⁄ e ogni espressione della condizione umana ⁄, diverse interpretazioni, attraverso le quali sono coinvolti, in un gioco dialettico, tanto l'osservatore quanto l'oggetto dell'osservare.

Per aggiungere forza di convincimento ed eleganza alle nostre argomentazioni, abbiamo chiesto a tre fotografi affermati ⁄ Monika Bulaj, Daria de Benedetti, Giovanni Battista Maria Falcone ⁄ di proporre, attraverso una sequenza di immagini, una loro interpretazione di tre diverse sinagoghe tra quelle documentate nella mostra. In quelle fotografie, che inquadrano diversi luoghi, architetture, eventi, gli spazi, gli oggetti, le persone diventano protagonisti di storie differenti, che insieme portano in superficie tre fra i mille sguardi possibili attraverso i quali le sinagoghe possono rivelare le loro sfaccettate identità.

FRANCO LATTES e PAOLA VALENTINI

The exhibition could therefore grow in time (compatibly with the limited space available) and be further enriched. The fact sheets ⁄ simply printed on paper ⁄ can be easily integrated and updated in the future. New and different objects dedicated to the religion can further enrich the displays, while the video projections can be modified or replaced.

Objects and time. The majority of the synagogues described in the exhibition can no longer absolve their function as a gathering place for local Jews. Yet Judaism is not a category solely entrusted to history, it is a vital civil and religious expression of a minority that is increasingly concentrated in the larger cities, and conscious of belonging to a place and time. Also for this reason, the religious objects exhibited are not rare or valuable; some are plaster replicas of original objects from the Synagogue of Carmagnola, while others are on loan from the collection of the Jewish Community of Torino and of the Terracini Archive, potentially rotating.

These ordinary objects document a ritual that is still practiced today, and require the presence of people, their thoughts and actions. They are a material expression of a human presence that links the historic synagogue of the past to the life of contemporary Jews.

The context. The historic synagogues of Piedmont are tightly correlated to the ghettos, still partially legible in the surrounding urban fabric. Therefore we felt it necessary to pair the descriptions and information of the synagogues with images that refer to their location in the continuity of the streets, squares, and city blocks. This allows a clearer understanding of the relationship between the single buildings, the urban fabric, and public spaces. As a summary of the historic references relating to the realization of the synagogues, a chronology of the major events marking the stages of Judaism in Italy and in Piedmont allows the buildings to be placed in a precise temporal context.

Different levels of reading. The exhibition necessarily addresses a heterogeneous public: students, tourists, the curious, experts and scholars, people of different ages, cultures, competence and interests, as well as time available for the visit. The sequence of the exhibition uses various techniques and methods in order to permit readings on more than one level, depending on the time and attention the visitors may have to dedicate to the texts and to the images. The concepts and the essential information are highlighted, so that a significant synthesis can be culled from a brief

34

[1] Cfr. CAROL HERSELLE KRINSKY, *Synagogues of Europe: Architecture, History, and Meaning*, The MIT Press, Cambridge 1985, p. 22.

[2] «L'edificio sacro non è una casa per Dio, bensì per l'Uomo, un luogo nel quale l'Uomo può incontrare Dio», Rav ALBERTO MOSHE SOMEKH, *La sinagoga: uno spazio in funzione del tempo*, in questo volume.

[3] «Ce qu'il faut en souvenir de la destruction du Temple. Depuis la destruction du Temple, nos Sages, de mémoire bénie, ont décidé qu'à l'occasion de toute manifestation de joie, l'on rappellera la destruction du temple, ansi qu'il est écrit: "Si je t'oublie jamais, ô Jérusalem, etc..., si je ne place Jérusalem au sommet de mes joies..." (*Psaumes*, CXXXVII, 5, 6). Et nos Sages ont décrété qu'un juif ne doit pas construire une maison recouverte de chaux et décorée, comme les maisons des rois. L'on ne recouvrira pas toute sa maison de chaux, mais la recouvrira de ciment, et on laissera un carré, avant un côté d'une longueur d'une coudée, face à la porte, carré que l'on laissera sans chaux, en souvenir de la destruction du Temple. Nous ne savons pas la raison exacte pour laquelle on n'a pas aujourd'hui cet usage» [«Che cosa fare in ricordo della distruzione del Tempio. Dopo la distruzione del Tempio, i nostri Saggi, sia benedetta la loro memoria, hanno deciso che in occasione di ogni circostanza di gioia, si ricorderà la distruzione del Tempio, così come è scritto: "Se ti dimentico, Gerusalemme, ecc., se non metto Gerusalemme al di sopra delle mie gioie" (*Salmi*, CXXXVII, 5, 6). E i nostri saggi hanno decretato che un ebreo non debba costruire una casa intonacata e decorata come le case dei re. Non si ricoprirà tutta la propria casa di intonaco, ma la si ricoprirà di cemento e si lascerà un quadrato, con il lato della lunghezza di un cubito, davanti alla porta, senza intonaco, in ricordo della distruzione del Tempio. Non sappiamo la ragione precisa per cui al giorno d'oggi non c'è più questa usanza»]. In RABBI SHLOMOH GANZFRIED, *Abrégé du Choul'hane Aroukh*, vol. II, traduzione francese letterale di Lionel Cohn, Librairie Colbo, 3, Rue Richer, Paris 9.

[4] DONATELLA CALABI, *L'emancipazione degli ebrei e l'architettura della sinagoga*, in PAOLA GENNARO (a cura di), *Architettura e spazio sacro nella modernità*, Biennale di Venezia, Abitare-Segesta, Milano 1992.

[5] Cfr. BRUNO ZEVI, *Ebraismo e Architettura*, Giuntina, Firenze 1993, pp. 13 sgg.

visit, while at the same time, in the remaining text, we felt it useful to suggest some moments of deeper reflection.

The photographic finale. We have said that each synagogue is a singular situation. Multiple, unrepeatable stories are impressed on its walls. Narratives can involve each listener in a different way and, like a kaleidoscope, they reveal different images to each glance, inspiring emotions that involve the participation and the sensibility of the interrogator. Different stories and emotions can produce - as does each work of architecture, as well as each expression of the human condition - different interpretations, in a dialectic game that involves the observer as much as the object observed.

To add force and elegance to our thesis, we asked three well-known photographers - Monika Bulaj, Daria de Benedetti, and Giovanni Battista Maria Falcone - to propose their interpretation of three different synagogues that are documented in the exhibition through a sequence of images. These photographs frame different locations, buildings, events. Spaces, objects, and people in them become protagonists of different stories. Together, they bring to the surface three of a thousand possible lenses through which the synagogues can reveal their multi-faceted identity.

FRANCO LATTES and PAOLA VALENTINI

[1] See C. HERSELLE KRINSKY, *Synagogues of Europe: Architecture, History, and Meaning*, The MIT press, Cambridge 1985, p. 22.

[2] "The sacred building is not a house for God, but for Man, a place in which Man can encounter God", in Rav ALBERTO MOSHE SOMEKH, "The Synagogue: a Space in Terms of Time", in this volume.

[3] "After the destruction of the Temple, it was ordained by our Sages, may their memory be for a blessing, that at every celebration there should be a reminder of the destruction, as it is said: 'If I forget you, O Jerusalem [...] If I do not raise Jerusalem over my joy' (Psalms 137:5-6). They ruled that a Jew should not build for himself a building with walls that are lime-plastered and decorated like a building of the kings, nor should he plaster all his house with lime-plaster. Rather, he should plaster his house with cement and then lime-plaster it (white-wash the inside) and leave (on a wall) one cubit by one cubit, opposite the doorway, without plaster, in order to remember the destruction. Although this is not done now, we do not know the reason clearly", *Kitzur Shulchan Aruch Linear Translation* by Yona Newman© 1999-2008, chapter 126:1.

[4] D. CALABI, "L'emancipazione degli ebrei e l'architettura della sinagoga", in P. GENNARO (ed.), *Architettura e spazio sacro nella modernità*, Biennale of Venezia, Abitare-Segesta, Milano 1992.

[5] See BRUNO ZEVI, *Ebraismo e architettura*, Giuntina, Firenze 1993, pp. 13ff.

Parole, immagini, oggetti e architetture delle sinagoghe piemontesi

24. Schema del Museo / Layout of the Museum.

1. INTRODUZIONE / INTRODUCTION
2. PANNELLI, OGGETTI, VIDEO / PANELS, OBJECTS, VIDEO
3. NUOVA SCALA / NEW STAIRS
4. VESTIBOLO / VESTIBULE
5. SALA DI PREGHIERA / PRAYER HALL
    5A. TEVÀ / TEVAH
    5B. ARÒN / ARÓN
6. SGUARDI DIVERSI / DIFFERENT GLANCES

PRIMA PARTE DEL PERCORSO

FIRST PART OF THE ITINERARY

SECONDA PARTE DEL PERCORSO

SECOND PART OF THE ITINERARY

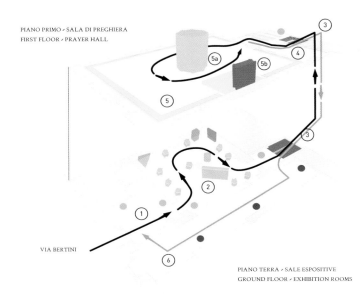

PIANO PRIMO ⁄ SALA DI PREGHIERA
FIRST FLOOR ⁄ PRAYER HALL

VIA BERTINI

PIANO TERRA ⁄ SALE ESPOSITIVE
GROUND FLOOR ⁄ EXHIBITION ROOMS

25. Sinagoga di
Carmagnola:
Sala di preghiera /
Synagogue
of Carmagnola:
Prayer hall.

25.

INTRODUZIONE

La mostra, attraverso testi, immagini, video, disegni, oggetti, traccia sinteticamente un itinerario tra il passato e il presente delle sinagoghe piemontesi, documentando lo sforzo compiuto negli anni, e che ancora continua, per restaurare gli edifici e conservare le tracce della presenza ebraica in Piemonte.

Le sinagoghe possono, attraverso il restauro, tornare alla pienezza dell'uso originale, là dove esistono ancora nuclei ebraici; quando ciò non sia possibile, costituiscono un'occasione per indagare e far conoscere la presenza ebraica sul territorio; inoltre, nella loro cura si consolida un profondo legame di storie e affetti con le famiglie ebraiche lontane dai loro luoghi di origine.

«Sinagoga», vocabolo che deriva dal greco e traduce l'originale ebraico *BET KENESSET* (letteralmente «Casa di riunione»), assume per gli Ebrei significati più articolati del semplice luogo di culto; significati che variano, insieme alle forme architettoniche, accompagnando le vicende e gli itinerari del Popolo Ebraico. La sinagoga è luogo dedicato allo studio e all'insegnamento della Legge (*TORÀ*), oltre che alla preghiera, e la partecipazione al culto riveste carattere comunitario.

Si ritiene che la sinagoga abbia avuto origine durante l'Esilio babilonese, allorché fu distrutto il primo Tempio di Gerusalemme (586 avanti l'Era Volgare), per gli Ebrei luogo sacro per eccellenza. Dopo la distruzione del secondo Tempio, a opera dell'imperatore Tito - nel 70 dell'E.V. - e la successiva dispersione del Popolo Ebraico, le sinagoghe acquistarono appieno il carattere, che tuttora mantengono, di principali istituzioni, luoghi di stabile riferimento per i nuclei ebraici sparpagliati in un mondo spesso ostile.

In Piemonte, la presenza di Ebrei è segnalata a partire dal XIV secolo, e le loro condizioni di vita, comunque sottoposte a discriminazioni, furono influenzate dalla maggiore o minore benevolenza dei potenti, dall'esosità delle gabelle e dalla convivenza, non sempre facile, con le popolazioni locali.

Dall'inizio del XVIII secolo fino allo Statuto Albertino (1848),

INTRODUCTION

Through text, images, videos, drawings, and objects, the exhibition synthetically traces the history of Piedmontese synagogues, documenting the continuing effort to restore the buildings and maintain the vestiges of the Jewish presence in Piedmont.

Through restoration, where a small group of Jews still exists, the synagogues can be fully returned to their original use; when this is not possible, restoration provides an opportunity for historical research and helps make the history of the Jewish presence within Piedmont known. In addition, by caring for these remnants one maintains a profound historical and emotional tie to the Jewish families who now live far from their place of origin.

"Synagogue" derives from the Greek word translated from the Hebrew *BET HA KNESSET* (literally meaning "meeting house"). For the Jews its significance is quite articulated; it is more than simply a Prayer hall: parallel to changing events and migrations of the Jewish population the meaning and the architectural form has varied. The synagogue is a place dedicated to study and the teaching of the Law (*TORAH*), as well as to prayer, and religious participation is not individual but collective.

It is a common belief that the origins of the synagogue date back to the Babylonian Exile, which occurred after the first sacred Temple of Jerusalem was destroyed (586 B.C.E.). After Emperor Titus destroyed the second Temple in 70 B.C.E. and the subsequent Diaspora of the Jews, the synagogue began its functional transformation to what it is today: the primary social institution, a stable point of reference, for all Jewish communities scattered throughout an often hostile world.

Jews have been documented in Piedmont since the fourteenth century. Their quality of life, although they were subject to discrimination, varied according to the rulers' benevolence, the excise taxes imposed upon them, as well as their not always easy cohabitation with the local populations. From the beginning of the eighteenth century to the enactment of the Albertine Statute

che sancisce la libertà di culto e i diritti civili per Ebrei e Valdesi, la vita dei piccoli nuclei ebraici piemontesi, come in gran parte dell'Europa, è confinata entro i limiti del ghetto.

Il Ghetto è una piccola porzione urbana, delimitata da cancelli che vengono aperti al mattino e richiusi alla sera; concentra al suo interno tutti i ceti sociali della comunità e lì si trovano la scuola, il tribunale rabbinico, il forno del pane, il bagno rituale, la casa del rabbino, le abitazioni, la sinagoga. Una fitta trama di passaggi consente agli abitanti di muoversi senza scendere nelle pubbliche vie. La configurazione spaziale del Ghetto rende evidente una realtà fortemente integrata, resa necessaria dalla segregazione coatta e dal numero elevato di abitanti, ma anche dall'esigenza di rendere coeso un nucleo sociale esposto a soprusi e arbitri.

Il cimitero è l'unico, tra i luoghi attribuiti alle comunità degli Ebrei, a essere posto al di fuori dei confini del ghetto.

Per esplicito divieto delle autorità ecclesiastiche, le sinagoghe vengono collocate lontano dai percorsi delle processioni e gli edifici sono privi di caratteri esteriori che ne possano rivelare la funzione. La sinagoga è per lo più sistemata all'interno di costruzioni preesistenti, con arredi che spesso provengono da precedenti insediamenti; il rito prescrive che sia posta al piano più alto dell'edificio, perché nessun altro luogo deve sovrastare quello dedicato alla preghiera. I manufatti, poiché gli Ebrei non possono in quel tempo essere architetti, falegnami, muratori o carpentieri, sono realizzati da artigiani cristiani. E così le forme, i decori, le tecniche edilizie sono quelle mutuate dalla cultura locale, adattate alle aspirazioni e ai valori della tradizione della comunità ebraica che intende realizzare la sinagoga; tradizione che, fra le altre cose, si ritrae dal rappresentare la figura umana, in ossequio al divieto di praticare qualunque forma di idolatria.

L'interno della sinagoga deve consentire di abbandonare i pensieri profani e gli affanni del mondo esterno: in molti casi l'accesso avviene attraverso un vestibolo, piuttosto che direttamente dalla strada. I due poli che ne caratterizzano l'interno sono l'*ARÒN HA QÒDESH* (armadio contenente i Rotoli manoscritti della *TORÀ*) e la *TEVÀ* (tribuna dell'officiante). La sinagoga deve avere illuminazione abbondante, per mezzo di finestre in numero sufficiente da permettere la lettura dei testi sacri e invitare così alla partecipazione attiva; attraverso quelle finestre si percepisce lo spazio esterno, il cielo e ciò che sta oltre la sinagoga stessa. L'illuminazione artificiale è altrettanto intensa, e particolare importanza sim-

(1848), which bestowed religious liberty to Jews and Waldensian Protestants, the life of the small communities in Piedmont, as in most of Europe, was confined to the ghetto.

The Ghetto is a small portion of the city, surrounded by gates that are opened in the morning and closed at night; it densely confines the living spaces of all social classes of the community, the school, the rabbinic law court, the bread oven, the ritual bath, the rabbi's home, houses and the synagogue. A complex series of passageways allows the inhabitants to move around within the Ghetto without exiting onto the public streets. The spatial form of the Ghetto reveals a cohesive communal structure, due to forced segregation from others and the density of the population, as well as to the necessity to form a united front as protection from the arbitrary abuses of the outside world.

The cemetery is the only area, of those allotted to Jewish communities, located outside the ghetto walls.

Due to an ecclesiastic mandate, the synagogue is located far from Catholic religious procession routes, and the buildings are devoid of any external indications of their function. The synagogue is most frequently located in preexisting buildings, with furniture reused from former settlements. Tradition prescribes that a synagogue must be positioned on the top floor so that no other function is placed above ‒ both literally and symbolically ‒ the Prayer hall. Jews at the time were prohibited from becoming architects, woodworkers, builders, or carpenters, so Christian craftsmen created the synagogues and their furnishings. For this reason the shapes, decorations and building techniques were those of the local people adapted to the desires of the Jewish communities and guided by their tradition and religious values: for example, the tradition of refraining from representing human figures in order to avoid the risk of any form of idolatry.

The interior of the synagogue must allow the devout to abandon unholy thoughts and the anxieties of the outside world: to facilitate this, in many cases, access is through a hall or atrium rather than directly from the street. Two objects characterize the inside of the synagogue: the *ARÓN HA KÒDESH* (the Holy Ark, a cabinet containing the manuscript or Scrolls of the *TORAH*) and the *TEVAH* (the Tribune, a podium from which prayer is officiated). The synagogue should be well illuminated, with windows that provide sufficient light to read the sacred texts and promote active participation; through these windows the outside world is perceived, the sky and all that is beyond the synagogue itself. The ar-

BIELLA

IVREA

VERCELLI

TRINO

CASALE

TORINO

CHIERI

MONCALVO

ASTI

ALESSANDRIA

CARMAGNOLA

NIZZA MONFERRATO

ACQUI TERME

SALUZZO

CHERASCO

SAVIGLIANO

FOSSANO

CUNEO

MONDOVÌ

26. Principali insediamenti ebraici in Piemonte / Major Jewish settlements in Piedmont.

In **grassetto** le Sinagoghe documentate nelle schede e nei video.
In **bold** print the Synagogues documented in the written descriptions and in the video.

bolica riveste il NER TAMÌD, il lume perenne, in ricordo della lampada che ardeva perpetua nel Tempio di Gerusalemme.

Mentre per gli Ebrei maschi il tempo è scandito da un ciclo di devozioni quotidiane, il ruolo che la tradizione attribuisce alle donne è prevalentemente rivolto a mansioni che non richiedono orari prefissati; in particolare, alla cura della famiglia e all'educazione dei figli, che riveste grande importanza. La presenza femminile nella sinagoga non è quindi obbligatoria; è appartata dietro le grate (MECHIZÒT) dei matronei, nascosta alla vista degli uomini. La posizione sopraelevata ove generalmente è collocato il matroneo meglio permette di seguire lo svolgimento delle funzioni.

Due sono le disposizioni dello spazio liturgico ricorrenti tra le sinagoghe del Piemonte. In una fase più antica, precedente all'Emancipazione, l'ARÒN è disposto lungo la parete a est, verso Gerusalemme, e si privilegia la pianta centrale, con i banchi rivolti verso il centro della sala. Qui si colloca la TEVÀ, cosicché lo sguardo dei fedeli abbraccia intorno all'officiante l'intera comunità degli astanti.

All'epoca dell'Emancipazione molte sinagoghe vengono riplasmate e ampliate, altre vengono edificate al di fuori dei ghetti. Le architetture assumono carattere pubblico e celebrativo, esprimendo la gratitudine e l'orgoglio degli Ebrei per la raggiunta equiparazione agli altri cittadini. Nelle facciate si ricorre a un ricco e spettacolare apparato decorativo e nella concezione architettonica si riconosce l'influsso di modelli di derivazione cattolica: appaiono sagrati e pulpiti non necessari al rito. In molti casi viene a configurarsi un'assialità della sala, con i banchi allineati in direzione dell'ARÒN, e la TEVÀ che si avvicina a esso fino a combinarsi in una sorta di altare. Le nuove conformazioni architettoniche danno consistenza fisica a una diversa forma di devozione: da un'esperienza collettiva del sacro si passa a privilegiare l'intimità individuale di quel rapporto.

Il termine «Tempio» piuttosto che «Sinagoga» diventa in quegli anni di uso comune, in un clima culturale che accoglie l'Emancipazione come la svolta epocale dopo una storia millenaria di peregrinazioni, persecuzioni e attese del ritorno alla Terra dei Padri. La ricerca di monumentalità amplifica la presenza scenica della Sala di preghiera, mettendo in secondo piano gli ambienti adibiti ad altri servizi.

tificial illumination is equally intense, symbolically the 'eternal light' of the NÉR TAMÌD is particularly important; it is a reminder of the lamp that perpetually burned in the Temple of Jerusalem. While for men time is marked by a cycle of daily rituals, by tradition, women's duties, such as caring for the family and the extremely important role of their children's education, do not require fixed schedules. The women's presence in the synagogue is not mandatory; women are separated in a gallery and screened from the men's view by MECHITZOT (screens). These galleries are in an elevated position making it easier for women to follow the religious rituals. Two different arrangements were recurrent in Piedmontese synagogues. Prior to the Emancipation the ARÓN was located along the eastern wall, towards Jerusalem, and a centralized plan with peripheral benches was preferred. The TEVAH was the focal point so that all the members could see the officiator as well as the rest of the community.

At the time of the Emancipation many synagogues were enlarged and modified, and others were built outside the ghettos. In the last two cases the architectural styles became public and celebrative, expressing the gratitude and pride of the Jews upon obtaining religious freedom and equal rights as citizens. The facades reveal a more spectacular decorative palette and in the new architectural conception one can see the influence of Catholic models: superfluous sacristies and pulpits appeared that were extraneous to Jewish ritual. In many cases there was a new axiality within the hall, and benches were aligned facing the ARÓN and the TEVAH. The TEVAH was moved closer to the ARÓN to the point to which they began to resemble the altar of a Catholic church. The new architectural form brought physical substance to a corresponding change in the form of devotion: moving from a communal experience of the sacred to a more individual and intimate one.

The term "Temple" rather than "Synagogue" was more commonly used in that period. This change was part of a general cultural atmosphere that saw the Emancipation as an epoch change after thousands of years of wandering, persecutions, and waiting for the return to the Father Land. The search for monumentality amplified the theatrical importance of the Prayer hall, relegating the spaces dedicated to other functions to the background.

27.

Con lo Statuto Albertino la religione ebraica è accolta tra i culti tollerati dallo Stato sabaudo, gli Ebrei divengono cittadini con parità di diritti, e inizia una nuova stagione di grande ottimismo, che la storia dovrà drammaticamente smentire solo pochi decenni più tardi, durante la Seconda guerra mondiale, con la *SHOÀ*, il genocidio della popolazione ebraica d'Europa perpetrato dai nazifascisti. Gli Ebrei sono costretti a disperdersi e nascondersi per sfuggire alle violenze e alla deportazione. Molti si uniscono alla Resistenza.

Alla conclusione di questa immane tragedia, sono circa cinquecento gli Ebrei piemontesi che non fanno ritorno dai campi di sterminio, mentre altri si recano a contribuire alla creazione del nuovo Stato d'Israele. La concentrazione della popolazione ebraica nei centri maggiori e la sua progressiva riduzione di numero, lo smantellamento e l'abbandono di molte sinagoghe concludono la storia delle piccole comunità piemontesi.

Oggi restano le sole Comunità di Casale Monferrato, di Vercelli e quella di Torino, che è la più numerosa. La Comunità Ebraica di Torino ha assorbito come proprie sezioni le Comunità di Alessandria, Cuneo, Ivrea, dove sono attivi ancora piccoli nuclei ebraici, e quelle di Asti, Acqui, Carmagnola, Cherasco, Mondovì, Saluzzo, Chieri, dove la presenza ebraica è ridotta a poche unità o addirittura scomparsa. In altri luoghi, come Fossano, Moncalvo, Nizza Monferrato, Trino e Savigliano, le tracce degli antichi insediamenti rimangono solo in parte leggibili.

Nel corso della visita, attraverso vari linguaggi della comunicazione, i temi legati allo spazio delle sinagoghe prenderanno forma. Il percorso, per quanto possibile, attraversa una sequenza temporale: dalle sale di preghiera settecentesche, rimaste nella loro originaria configurazione, passando per le sinagoghe rinnovate nell'Ottocento, giunge sino ai Templi israelitici di Torino e Vercelli. Due esempi, Carmagnola e Torino, sono occasione per leggere in modo più approfondito la trasformazione delle concezioni architettoniche, del ruolo urbano e dei valori simbolici a essi legati, che contraddistinguono le sinagoghe precedenti e successive all'Emancipazione.

Nel percorso conclusivo, lo sguardo di tre diversi fotografi suggerisce, attraverso le immagini di altrettante sinagoghe, suggestive e differenti interpretazioni dei luoghi e degli spazi.

With the Albertine Statute, the Jewish religion was tolerated by the Savoy State; Jews became citizens with equal rights and a new season of optimism began. History would dramatically nullify this optimism only a few decades later, with the Holocaust of World War II, the genocide of the European Jewish population perpetrated by the Nazi-Fascists. The Jews were forced to escape and hide to avoid violence and deportation. Many of them joined the Resistance. At the end of this immense tragedy more then 500 Piedmontese Jews did not return from the concentration camps and many others moved to contribute to the foundation of the new State of Israel.

The concentration of the Jewish population in the larger urban centers, the progressive decline in its numbers, and the dismantlement and the abandonment of many synagogues are the conclusion of the history of these small Piedmontese Communities.

Today the only remaining Communities are in Casale Monferrato, Vercelli, and Torino, which have historically been the largest ones. The Jewish Community of Torino has absorbed those of Alessandria, Cuneo, and Ivrea, where there are still small numbers of practicing Jews, as well as those of Asti, Acqui, Carmagnola, Cherasco, Mondovì, Saluzzo, and Chieri, where the Jewish population is minimal if not absent. In other locations, such as Fossano, Moncalvo, Nizza Monferrato, Trino, or Savigliano, only a tenuous trace of the former settlements remains legible.

Throughout the visit, by means of multiple forms of communication, the themes related to the spaces of the synagogues will take shape. The exhibit is organized, as much as possible, chronologically: starting with the prayer halls of the eighteenth century that have not been transformed, followed by those that were renovated in the nineteenth century, and ending with the Israelite Temples of Torino and Vercelli. Two examples, Carmagnola and Torino, represent an opportunity to analyze in detail the transformation of architectural conception, urban role, and related symbolic values, which differentiate pre- and post-Emancipation synagogues.

In the final part of the exhibit, the visions of three photographers suggest, through images of three synagogues, different and striking interpretations of these sites and spaces.

27-28. Sinagoga di Carmagnola / Synagogue of Carmagnola.

28.

CRONOLOGIA / CHRONOLOGY

INIZIO XV SECOLO / BEGINNING OF THE FIFTEENTH CENTURY	La presenza ebraica in Piemonte diviene stabile e documentata, sebbene si abbia notizia di Ebrei nella regione sin dai tempi di san Massimo, Vescovo di Torino (V secolo). The Jewish presence in Piedmont became stable and documented, even if there are references to Jews in the region as early as the time of Saint Massimo, Bishop of Torino (fifth century).
1394	Gli Ebrei vengono espulsi dalla Francia e dalla Germania (la più significativa espulsione tra le diverse di questo periodo). Molti si stabiliscono nell'area piemontese. The Jews were expelled from France and Germany (the most significant expulsions among many in this period). Many Jews then settled in the Piedmont area.
1430	Il duca Amedeo VIII di Savoia regolamenta per la prima volta la situazione degli Ebrei del ducato tramite gli *Statuta Sabaudiae*, sottoponendoli a concessioni di attività e residenza decennali rinnovabili (le «condotte»), e confinandoli in quartieri detti *Judeasymus* (non ancora dei veri e propri ghetti). Situazione più favorevole si registra per gli Ebrei residenti nel Marchesato di Monferrato. Duke Amedeo VIII di Savoia regulated, for the first time, the situation of the Jews in the dukedom through the *Statuta Sabaudiae*, requiring them to obtain ten year renewable concessions for commercial activities and residential status (called *condotte*) and confining them in areas called *Judeasymus* (not yet true ghettos). More favorable situations were registered for the Jews in the Marquisate of Monferrato.
1492	Gli Ebrei vengono espulsi dai territori della Corona di Spagna. Una seconda significativa ondata di Ebrei si stabilisce in Piemonte. Nei decenni seguenti questo afflusso prosegue in particolare dall'Italia meridionale. The Jews were expelled from the territories of the crown of Spain. A second significant wave of Jews settled in Piedmont. In the following decades this influx continued particularly from the south of Italy.
1516	A Venezia viene istituito il primo Ghetto. La denominazione pare derivare dal dialettale *geto*, come veniva chiamato l'isolotto usato per la fonderia del rame, in cui furono confinati gli Ebrei veneziani. The first Ghetto was instituted in Venezia. The name seems to be derived from the dialect word *geto* used to indicate the small island of the copper foundry, where the Jews of Venezia were confined.
1572	Emanuele Filiberto di Savoia adotta una politica d'accoglienza verso gli Ebrei, nel tentativo, poi fallito, di creare un porto-franco mediterraneo a Nizza Marittima. Emanuele Filiberto di Savoia adopted a more tolerant policy toward the Jews, in an attempt, which failed, to create a Mediterranean free port in Nice.
1679	La duchessa Maria Giovanna Battista di Savoia-Nemours, reggente per conto del figlio Vittorio Amedeo II, istituisce il Ghetto a Torino. Duchess Maria Giovanna Battista di Savoia-Nemours, reigning for her son Vittorio Amedeo II, instituted the Ghetto of Torino.
1723	Vittorio Amedeo II con le Regie Costituzioni decreta l'istituzione dei ghetti in tutto il Piemonte. Vitorio Amedeo II's Royal Constitution decreed the institution of the ghettos in all of Piedmont.

1761 Il censimento generale del Regno di Sardegna annota la presenza di 4.192 Ebrei residenti in Piemonte (a eccezione di Nizza Marittima), dei quali 1.317 a Torino.

The general census of the Regno di Sardegna noted 4192 Jewish residents in Piedmont (excluding Nice) of whom 1317 lived in Torino.

1798 Il governo provvisorio istituito dai francesi e la successiva dominazione napoleonica sanciscono il primo momento di libertà per gli Ebrei, che vengono equiparati a tutti gli altri cittadini.

The provisional government instituted by the French and the following Napoleonic dominion sanctioned the first emancipation of the Jews, who were recognized as equal to all other citizens.

1814-1815 La Restaurazione, il processo di ricostituzione del potere dei sovrani assoluti in Europa dopo la sconfitta di Napoleone, sancito con il Congresso di Vienna, riporta la condizione degli Ebrei al punto in cui si trovava nel XVIII secolo. Anche in Piemonte tornano i ghetti, ma in alcune cittadine diverse famiglie ebraiche divenute influenti non tornano ad abitarvi.

The Restoration, that is the re-establishment of the absolute monarchies in Europe after Napoleon's defeat, confirmed by the Congress of Vienna, returned the Jewish condition to what it had been in the eighteenth century.
The ghettos were also restored in Piedmont, but in some towns a few Jewish families who had become influential did not return to live within them.

1848 Il 4 marzo Carlo Alberto di Savoia, re di Sardegna, concede lo Statuto, noto come Statuto Albertino, seguito dai decreti del 29 marzo e del 19 giugno, in base ai quali viene stabilita la definitiva Emancipazione per gli Ebrei del Piemonte. Successivamente, le organizzazioni ebraiche vengono regolamentate con la Legge Rattazzi nel 1857 che riforma ordinamenti economici e amministrativi delle Università Israelitiche.

Carlo Alberto di Savoia, King of Sardinia, conceded the Statute, known as the Albertine Statute, followed by the March 29 and June 19 decrees. These acts established the complete Emancipation of the Jews in Piedmont. Afterwards, the Jewish organizations were regulated by the Rattazzi Law of 1857, which reformed the economic and administrative order of the Israelite University.

1929-1930 Durante il fascismo, dopo che nel 1929 era stato firmato il Concordato con il Vaticano, viene promulgata nel 1930 la Legge Falco. In seguito a questa legge le piccole comunità, assottigliate in seguito al costante esodo degli Ebrei verso le grandi città, sono assorbite dalle comunità maggiori, che hanno il compito di custodire il patrimonio storico e artistico, preservandone la conservazione.

During the Fascist regime, after the Lateran Treaty was signed in 1929, the Falco Law was enacted in 1930. As a result, the small communities, which had declined due to the continuous exodus of the Jews towards larger cities, were absorbed into the major communities. Since then the larger communities have had the responsibility for maintenance and conservation of this historic and artistic heritage.

1938 Il regime fascista promulga le Leggi razziali che sottopongono gli Ebrei italiani a dure restrizioni: vengono cacciati dalle scuole, dall'esercito, dalle pubbliche amministrazioni, dalle banche, viene loro impedito di essere proprietari o gestori di grandi aziende, possessori di immobili di valore, vengono loro ritirate le licenze commerciali e artigiane, e viene loro impedito di esercitare le libere professioni.

The Fascist regime's Racial Laws imposed strict restrictions upon Italian Jews: they were excluded from schools, the military, the public administration, and banks. They were also prohibited from becoming owners or administrators of large companies, and of valuable real estate. Their commercial and artisan permits were withdrawn, and they were prohibited from practicing any professions.

1945 Durante la Seconda guerra mondiale, con la tragedia della SHOÀ, il genocidio sistematico della popolazione ebraica nei territori dominati dai nazifascisti, moltitudini di Ebrei sono sottoposte a persecuzioni e deportate; sei milioni

(secondo fonti tedesche), giovani, vecchi, neonati e adulti, sono uccisi dalla violenza nazista. Molti, per sfuggire alle persecuzioni, emigrano in Paesi sicuri; altri, in grande numero, sono nascosti e protetti dalle popolazioni locali; altri ancora entrano nelle file della Resistenza, alcuni si convertono.

During World War II and the tragedy of the Holocaust, the systematic genocide of the population in territories dominated by the Nazi-Fascists, a multitude of Jews were subjected to persecution and deported. Six million (according to the German sources) - young, old, newborns and adults - were murdered by the Nazi violence. Many, in order to escape the persecutions, emigrated to more secure countries; others, in large numbers, were hidden and protected by the local populations; still others joined the Resistance; some converted.

1945   La liberazione dal regime nazifascista conduce all'abrogazione delle Leggi razziali. Al termine della Seconda guerra mondiale, circa cinquecento Ebrei piemontesi non fanno ritorno dai campi di sterminio.

Liberation from the Nazi-Fascists led to the repeal of the Racial Laws. At the end of World War II, approximately 500 Piedmontese Jews did not return from the extermination camps.

1948   La Costituzione della Repubblica Italiana, approvata il 27 dicembre 1947 ed entrata in vigore il 1° gennaio 1948, stabilisce il principio della parità di diritti e di culto per tutti i cittadini. Fino a quella data, formalmente, era rimasto in vigore lo Statuto Albertino.

The Constitution of the Italian Republic, approved on December 27, 1947, and effective beginning January 1, 1948, established the principle of equality of rights and freedom of religion for all citizens. Until that date, the Albertine Statute was formally in force.

1948   La nascita dello Stato d'Israele, sancita da una Risoluzione delle Nazioni Unite nel novembre 1947, viene proclamata il 14 maggio 1948, dopo che nei suoi territori, fino ad allora sottoposti a mandato britannico, il Movimento Sionista aveva da tempo promosso e attuato l'insediamento di nuovi nuclei ebraici.

The birth of the State of Israel was ratified by a resolution of the United Nations in November 1947 and proclaimed May 14, 1948. The Zionist movement had for time promoted and realized the settlement of new Jewish centers in its territories, until then under a British mandate.

1987   L'Intesa tra lo Stato Italiano e l'Unione delle Comunità Ebraiche Italiane, in base all'articolo 8 della Costituzione, viene stipulata nel febbraio 1987 e poi approvata e recepita nella legge 8 marzo 1989 n. 101. La legge garantisce agli Ebrei e alle loro organizzazioni libertà e parità rispetto agli altri cittadini, riconosce nel modo più ampio il diritto di professare la religione ebraica e tutela gli Ebrei da ogni manifestazione di intolleranza.

The agreement between the State of Italy and the Union of the Jewish Communities of Italy (UCEI), on the basis of article 8 of the Constitution, was stipulated in February 1987 and then approved and codified into law number 101 on March 8, 1989. The law guarantees to the Jews and their organizations freedom and equality with respect to all other citizens. It recognizes in the broadest sense the right to profess the Jewish religion, and it protects Jews from any occurrence of intolerance.

OGGI / TODAY   Gli Ebrei in Italia, secondo l'Unione delle Comunità Ebraiche Italiane (UCEI), sono circa 30.000, su una popolazione di 57 milioni di abitanti. In Italia esistono ventun Comunità: Ancona, Bologna, Casale Monferrato, Ferrara, Firenze, Genova, Livorno, Mantova, Merano, Milano, Modena, Napoli, Padova, Parma, Pisa, Roma, Torino, Trieste, Venezia, Vercelli, Verona. Piccoli nuclei ebraici vivono in località minori.

Jews in Italy, according to the Union of the Jewish Communities in Italy (UCEI), number nearly 30,000, in an overall population of 57,000,000. In Italy there are twenty-one Communities: Ancona, Bologna, Casale Monferrato, Ferrara, Firenze, Genova, Livorno, Mantova, Merano, Milano, Modena, Napoli, Padova, Parma, Pisa, Roma, Torino, Trieste, Venezia, Vercelli, and Verona. A few Jews live in smaller town centers.

Glossario / Glossary

Aròn ha Kòdesh	Armadio sacro
Bet ha Keneset	Sinagoga
Mechitzà	Grata
Menorà	Candelabro
Mikvè	Bagno rituale
Nér Tamìd	Lume perenne
Séfer Torà	Rotolo della Legge
Tevà	Tribuna
Aròn ha Kòdesh	Holy Ark
Bet Ha Knesset	Synagogue
Mechitzà	Screen
Menorah	Candelabra
Mikweh	Ritual Bath
Nér Tamìd	Eternal Light
Sefer Torah	Scroll of the Law
Tevah	Tribune

29. Glossario / Glossary.

30. Sinagoga
di Carmagnola:
Aròn | Synagogue
of Carmagnola:
Arón.

30.

Prima dell'Emancipazione: l'insediamento ebraico e la Sinagoga di Carmagnola

La Sinagoga di Carmagnola è ospitata in un semplice fabbricato rettangolare di due piani, perfettamente mimetizzato in quello che doveva essere il brulicare denso, ancora oggi percepibile, delle costruzioni dell'antico Ghetto: un tessuto edilizio minuto, separato dalla trama delle piazze, delle chiese, delle strade e dei porticati della città.

La parte principale dell'edificio è costituita da un vestibolo, dalla Sala di preghiera e da un piccolo matroneo sopraelevato; la sala è sormontata da un soffitto di travi e tavole di legno verniciato ed è posta, come la tradizione prescrive, al piano più alto dell'edificio. La costruzione era presumibilmente già esistente: per adattarla al nuovo uso furono dunque realizzate alcune opere che ne alterarono solo in parte l'involucro, ma ne trasformarono radicalmente gli ambienti interni, quali l'apertura di ampie finestre, per permettere lo studio e la lettura collettiva dei testi liturgici; la realizzazione di contrafforti in muratura per sostenere il pesante Armadio sacro (ARÒN HA QÒDESH), inserito nella parete orientale; la sistemazione interna della sala, con i diversi arredi sacri, e la realizzazione del matroneo; la chiusura, infine, dell'accesso da via Bertini, per consentire agli Ebrei l'ingresso alla Sinagoga attraverso i percorsi interni al Ghetto e per evitare che dalla pubblica via potesse essere visibile alcun aspetto del culto, come era imposto dalle autorità secolari ed ecclesiastiche.

In origine l'ingresso era rappresentato da una scala esterna alla Sinagoga, che permetteva di raggiungere il vestibolo e, al di sopra, il matroneo; questo percorso è oggi sostituito da una piccola scala interna.

Al piano terreno, un portico affacciato sul cortile e una serie di ambienti minori conservano le caratteristiche delle costruzioni

In questo testo vengono ripresi e ampliati i temi trattati nel video presente in mostra / In this text the themes treated in the video shown in the exhibition are enriched and re-elaborated.

Before Emancipation: the Jewish Settlement and the Synagogue of Carmagnola

The Synagogue of Carmagnola is housed in a simple rectangular building on two floors, perfectly camouflaged by what must have been the dense confusion, still perceivable today, of the old Ghetto: a minute urban area interwoven by town squares, churches, streets, and arcades.

The main part of the building is formed by a vestibule, the Prayer hall and a small raised women's gallery. The Prayer hall is covered by a ceiling of varnished wooden beams and boards and located, as tradition prescribes, on the highest floor of the building. The structure was presumably pre-existent. In order to adapt it to its new use, a few modifications were made. These only partially altered the external image but radically transformed the interiors. More specifically: the opening of ample windows, to facilitate study and the collective reading of liturgical texts; the formation of wall buttresses to support the heavy ARÒN HA KÒDESH (the Holy Ark), inserted into the eastern wall; the decoration of the Prayer hall, with its sacred furnishings, and the creation of the women's gallery; the closure of the access from via Bertini, so that the Jews could enter the Synagogue from within the Ghetto. This was necessary because both the secular and ecclesiastic authorities prohibited the external expression of any form of religious architecture towards the public street.

Originally the entrance was by a stairway on the exterior of the Synagogue, which accessed the vestibule and the women's gallery above. This access has been substituted by an internal stairway.

On the ground floor an arcade facing the courtyard and a series of minor spaces maintain the characteristic rural construction-type of this area; no traces of their original use were found that might suggest a connection to the ritual functions of the floor above.

The exterior lacks any decorative or symbolic elements that might make the building recognizable as a synagogue. Due to the climate of discrimination, Jews were obligated to forgo external exhibition of their religious identity.

It is a surprise then, after passing through the vestibule - with its

49

rurali che si trovano all'intorno; in questi locali non sono stati rintracciati indizi di usi originari che potessero essere correlati alle funzioni rituali del piano superiore.

L'assenza, all'esterno, di qualunque elemento decorativo e simbolico che possa rendere l'edificio riconoscibile in quanto sinagoga è riconducibile alle condizioni di discriminazione che imponevano agli Ebrei di rinunciare a ogni forma di esibizione della propria identità religiosa.

Sorprende quindi il passaggio all'interno: dal vestibolo, con il piccolo lavacro per le abluzioni, gli armadi e le panchette della scuola, si entra nella Sala di preghiera. Qui lo spazio acquista improvviso slancio e ricercata eleganza: nell'aula illuminata dalle finestre disposte con regolarità lungo le pareti e sormontate da decorazioni in stucco, la luce crea un gioco di bagliori e trasparenze tipicamente settecentesco, impreziosito dagli specchi delle *appliques* che, con gli stucchi e i cartigli scritti in ebraico, disegnano un delicato ricamo sulle pareti. Al di sopra della porta di ingresso, si riconosce il piccolo matroneo, protetto da una balaustra in legno, dove le donne della comunità potevano assistere al rito senza essere viste dagli uomini.

Gli scranni in legno, disposti lungo il perimetro delle pareti esterne, creano una cornice attorno al pavimento, in piastrelle quadrate di cotto tipiche dell'edilizia rurale piemontese.

Al centro poggia elegante e imponente la *TEVÀ*, il Palco dell'officiante, che si eleva con la leggerezza delle sue colonne tortili e delle volute del coronamento fino a sfiorare il soffitto, mentre sulla parete orientale, inserito nella muratura, domina statico e severo l'*ARÒN HA QÒDESH*.

Gli scranni sono di fattura seicentesca, mentre sulla *TEVÀ* è riportata la data ebraica corrispondente al 1766. Le forme dell'*ARÒN HA QÒDESH* suggeriscono invece una datazione di poco posteriore: tutti i diversi elementi insieme costituiscono una collezione composita di manufatti, alcuni nati probabilmente in luoghi e in tempi diversi, realizzati da artigiani che non potevano essere gli Ebrei stessi; manufatti trasportati all'interno del Ghetto in occasione della realizzazione della nuova Sinagoga. Era questa, del peregrinare degli arredi sacri insieme con le famiglie che si trasferivano da un insediamento all'altro, una condizione ricorrente, spesso associata alla narrazione biblica,

small basin for ablutions, the cabinets and the school benches ⁄ to enter the Prayer hall. Once within, the space acquires an unexpected impetus and studied elegance. The Prayer hall is illuminated by windows regularly placed along the walls and crowned by decorative stucco; the light creates a glimmer and transparency typical of the eighteenth century, enriched by mirrors and wall sconces, which, together with the Hebrew inscriptions in stucco, create a delicate embroidery of wall decorations. Above the entry door is a small women's gallery, protected by a wooden balustrade. Here the women of the Community could participate in the ritual without being observed by the men.

The wooden screens, along the perimeter of the external wall, create a frame for the flooring, which is made of the square terracotta tiles typical of rural Piedmontese architecture.

In the center the elegant and imposing *TEVAH*, the officiant's platform, is visually elevated by the lightness of its twisted columns and the curves of its cornice which barely touches the ceiling, while on the eastern facade, inserted in the wall, the static and severe *ARÓN HA KÒDESH* (Holy Ark) dominates.

The screens are from the seventeenth century, while the *TEVAH* carries the Hebrew date which corresponds to 1766. The form of the *ARÓN HA KÒDESH* suggests a slightly later dating. The various pieces together constitute a composite collection of crafted elements, some probably born in other places and times, created by artisans who would not have been Jews themselves, and transported into the Ghetto when the new Synagogue was constructed. This was the story of the sacred furnishings which migrated along with the Jewish families from settlement to settlement, a recurrent condition ⁄ often associated with the biblical narrative ⁄ following the itineraries of the Diaspora from the lands of Spain, France, and Germany, and then Italy as well, leading eventually to the settlement of Jews in Piedmont.

The architectural characteristics and the arrangement of the furnishings were probably not modified from the original arrangement, unlike many other cases in which many Jewish communities decided to substantially transform their synagogues, adapting them to the new concept of public religious space after the Emancipation of 1848.

A centralized plan typical of the Sephardic rite is the most recur-

31.

lungo i percorsi della Diaspora che dalle terre di Spagna, di Francia e di Germania, e poi anche d'Italia, condussero agli insediamenti ebraici in Piemonte.

Le caratteristiche architettoniche e la disposizione degli arredi non hanno subito modifiche rispetto a quella che si può presumere essere stata la configurazione originale, a differenza di quanto avvenne in altri casi, quando, al momento dell'Emancipazione del 1848, molte comunità ebraiche decisero di rimaneggiare ampiamente le proprie sinagoghe per adattarle alla nuova prerogativa di pubblici luoghi di culto.

La disposizione a pianta centrale tipica del rito sefardita, con l'officiante che si colloca al centro dello spazio e raccoglie intorno a sé l'attenzione dei fedeli, è l'assetto ricorrente nelle sinagoghe piemontesi più antiche; tra queste, per la semplice e armoniosa linearità delle forme, per la suggestiva sequenza degli spazi, per l'equilibrio e la garbata eleganza degli arredi, la Sinagoga di Carmagnola è riconosciuta come l'esempio forse più prezioso e significativo.

La storia

La Sinagoga di Carmagnola è ciò che rimane del complesso edilizio che anticamente costituiva il Ghetto, istituito nel 1724 sotto Vittorio Amedeo II per racchiudere in un piccolo isolato le famiglie ebree che vi risiedevano: all'epoca, un centinaio di persone.

La presenza ebraica a Carmagnola è documentata già verso il 1470, ma la città ne regolamentò il soggiorno solo nel 1514. Una presenza stabile, ma esigua: all'inizio del Settecento ammontava ad appena otto famiglie, prive di una struttura comunitaria. Con l'arrivo degli Ebrei da Racconigi, insieme alla nascita del Ghetto e all'organizzarsi dei fedeli in Università degli Ebrei - vera e propria comunità con responsabili eletti dalla base - intorno al 1734 la popolazione ebraica di Carmagnola registrò un sensibile incremento: centodue Ebrei, raggruppati in diciotto famiglie.

Vivevano in condizioni modeste, ma di sufficiente tranquillità materiale e spirituale. Erano inseriti in una rete territoriale di presenza ebraica che consentiva loro di spostarsi e di avere scambi economici, sociali, matrimoniali e culturali, che mitigava-

31. Foto aerea / Aerial photograph.

32. Sala di preghiera prima dei restauri / Prayer hall before restoration.

33. Ghetto di Carmagnola nel *Theatrum Sabaudiæ*, XVII secolo / Ghetto of Carmagnola in the *Theatrum Sabaudiæ*, seventeenth century.

33.

32.

34.

34. La balaustra
del matroneo / The
balustrade of the
women's gallery.

35. Cassetta
delle offerte / Box
for offerings.

כי גוות מפני אש

מחץ בסתר יכתאו

35.

rent form in the older Piedmontese synagogues, with the officiant as the fulcrum of the space with the faithful around him. Because of its simplicity, harmony, and linear form, as well as its suggestive sequence of spaces, the balance and elegance of its furnishings, the Synagogue of Carmagnola is recognized as the most significant and valuable example of this type.

The history

The Synagogue of Carmagnola is all that remains of the building complex that historically formed the Ghetto, instituted in 1724 under Vittorio Amedeo II to confine all the Jewish families - approximately one hundred people - living in Carmagnola within a small block. Jewish presence in Carmagnola dates to as early as 1470, but only in 1514 did the city begin to regulate their status. It was a stable but small presence. At the beginning of the eighteenth century there were eight families, and no community structure existed. Only with the arrival of Jews from Racconigi, together with the birth of the Ghetto and the organization of the faithful into the University of the Jews - that is a formal community with elected leaders - around 1734, did the Jewish population of Carmagnola register a significant increase: 102 Jews formed eighteen families. Living conditions were modest, but provided sufficient material and spiritual tranquility. They were inserted into a network of Jewish settlements that allowed them to move and exercise economic, social, marital and cultural exchanges. These exchanges mitigated the segregation imposed by the walls of the Ghetto. These territorial interactions and this openness benefited the entire city of Carmagnola.

Reaching its demographic peak in 1841, the small community began to decline with the Emancipation of 1848. It was a process of inescapable movement towards other urban centers in Piedmont, which was dramatically accentuated under the Nazi-Fascists, and which continued until the middle of the last century, until no Jew remained in Carmagnola.

The restoration

After the Ghetto was abolished, the properties adjacent to the Synagogue were sold and the building was greatly modified, eliminating the original relationship between the Prayer hall and the surrounding building.

The entries to the Synagogue, through the building's entry hall and the external stair, had become communal property, creat-

no la segregazione imposta fra le mura del Ghetto. Aperture e scambi che certo giovarono all'intera città di Carmagnola.

Raggiunto il suo picco demografico nel 1841, la piccola comunità cominciò a declinare con l'Emancipazione del 1848: un processo inarrestabile di trasferimento verso altri centri del Piemonte, che si accentuò drammaticamente nel periodo delle persecuzioni nazifasciste, e si protrasse fino alla metà dello scorso secolo, quando a Carmagnola non rimase più nessun Ebreo.

Il restauro

Successivamente all'abolizione del Ghetto, le proprietà confinanti con la Sinagoga furono cedute e gli edifici ampiamente rimaneggiati, e ciò cancellò l'integrità delle relazioni che originariamente legavano intimamente la Sala di preghiera con il tessuto edilizio al contorno.

Anche l'accesso alla Sinagoga, che richiedeva il passaggio attraverso l'androne e la scala esterna, in seguito divenuto comune con altre proprietà, era reso disagevole per visitatori e residenti.

Dopo l'estinzione del piccolo nucleo ebraico cittadino, per decenni la Sinagoga rimase in stato di abbandono, alla mercé di un degrado sempre più grave, che ne compromise le strutture fino a rendere impraticabile anche solo la visita. Solo gli arredi lignei furono sottratti al deterioramento, grazie all'intervento della Regione Piemonte che ne finanziò la conservazione e il restauro.

La prima questione che si poneva con urgenza era quella di interrompere il processo di degrado, prima che potessero avvenire crolli irreparabili; ma subito dopo si poneva una seconda questione: quali motivazioni potevano giustificare un costoso intervento di restauro, se non vi erano più Ebrei a pregare in quell'edificio? Conservare la Sinagoga come luogo di culto e insieme come testimonianza del suo originale tessuto di relazioni con la realtà circostante, per raccontare la storia di una presenza ebraica ormai estinta, rappresentò, a partire dagli anni ottanta, una sfida all'epoca del tutto nuova, e insieme uno sforzo impegnativo per la Comunità Ebraica di Torino, tanto dal punto di vista tecnico e culturale quanto da quello fi-

ing difficulties for both visitors and residents. After the last Jew left Carmagnola, the Synagogue remained abandoned, left to the mercy of serious decay, which compromised structural stability to the point where it was even unsafe to visit. Only the furnishings where saved thanks to the Piedmont Region which financed their restoration and conservation.

The first urgent problem was to stop the spiral of decay before the building was irreparably damaged. Immediately afterwards, the second question was: how could the significant expense of a restoration be justified if there were no longer Jews who would pray there? In the 1980s the Jewish Community of Torino was confronted with a completely new problem, also implying a demanding financial, technical, and cultural challenge, namely to preserve the Synagogue not only as a religious space, but also as a document of the of the original network of connections with the surrounding reality, in order to tell the story of a Jewish presence by then extinct. This challenge inspired the comprehensive restoration program of the historical Jewish patrimony in Piedmont, which is now nearing completion.

The restoration dragged on for many years, interrupted and started anew depending on the flow of financing from institutions, foundations, and private donors to whom the Jewish community turned to support this ambitious program. In the meantime, the cultural climate changed, as did the sensitivity and attention of the Jewish and non-Jewish world towards similar projects. The ambitions of the restoration project increased simultaneously. Today the restoration is finally completed. It created a new passage from the entrance, as well as a stair connecting the three floors. In addition, the roof, the walls, and the floor planes were reinforced, while many wooden structural elements and the external windows were replaced.

The most recent decorative layer was removed from the Prayer hall. It was a late nineteenth-century decoration of architectural motifs playing on shades of gray and brown. This uncovered earlier decoration, which marked the same architectural rhythms, but offered a graceful and more luminous aspect to the space. It is an image which certainly surprised and maybe disconcerted those who had maintained a memory of this familiar Synagogue as a solemn and dusty place.

36. *TEVÀ* vista dal vestibolo / *TEVAH* seen from the vestibule.

36.

nanziario. Quella sfida pose le basi per un programma complessivo di recupero dei beni culturali ebraici in Piemonte, che in questi anni si sta completando.

I lavori di restauro si trascinarono per molti anni, con interruzioni e riprese in funzione dell'afflusso di finanziamenti da parte di enti, fondazioni, privati, cui la Comunità dovette ricorrere per sostenere un programma eccessivamente costoso. Intanto mutavano il clima culturale, la sensibilità e l'attenzione da parte del mondo ebraico e non ebraico, e contemporaneamente crescevano le ambizioni per un progetto che sembrava assumere via via sempre più importanza.

Oggi il restauro è finalmente ultimato: oltre a realizzare il nuovo percorso d'ingresso e la scala che collega i tre diversi piani, sono stati eseguiti consistenti interventi di consolidamento sulla copertura, sulle murature e sui solai, sono state sostituite molte delle strutture lignee e sono stati rifatti i serramenti esterni.

La rimozione, nelle pareti della Sala di preghiera, dello strato pittorico più recente - una partitura architettonica tardo-ottocentesca giocata su sfumature di grigio e di bruno - ha liberato una decorazione precedente, scandita sugli stessi ritmi architettonici, che tuttavia offre un'immagine di quegli spazi assai più leggiadra e luminosa; immagine che ha sicuramente sorpreso e forse sconcertato chi di quella Sinagoga conservava un ricordo familiare polveroso e solenne.

37.

38.

39.

37-40. Sala di preghiera /
Prayer hall.

40.

Cartigli della Sala di preghiera della Sinagoga di Carmagnola / Cartouche in the Prayer hall of the Synagogue of Carmagnola

41.

42.

43.

44.

41. Parete sud / The south wall.

42. Parete ovest / The west wall.

43. Parete nord / The north wall.

44. Parete est / The east wall.

I cartigli dipinti o scolpiti sulle pareti delle sinagoghe assolvono ad almeno tre funzioni diverse. La prima, ancorché non la più importante, è di carattere decorativo, in un ambiente in cui vige il divieto delle immagini. Le lettere dell'alfabeto ebraico hanno un loro carattere artistico, al di là del senso delle parole che compongono, offrendosi ad arricchire con la loro presenza le pareti della sinagoga.

La seconda funzione è di tipo parenetico. I brevi testi, per lo più impreziositi da artifici poetici come la rima e talvolta l'allitterazione, facili da apprendere a memoria, contengono messaggi edificanti per gli oranti. Questi ultimi vengono costantemente richiamati al significato profondo del luogo sacro in cui si trovano e sono esortati a un continuo esame di coscienza e a concentrarsi nella preghiera. Il pensiero va al Santuario di Gerusalemme distrutto «per le nostre trasgressioni», di cui la sinagoga costituisce, sul piano spirituale e nazionale del Popolo Ebraico, soltanto una parziale compensazione.

Il terzo elemento, fortemente caratterizzante, è quello dedicatorio. I cartigli contengono spesso dediche a personaggi che in qualche modo hanno segnato, in momenti diversi, la vita della sinagoga, e non di rado hanno contribuito alla sua edificazione e manutenzione con lasciti e donazioni. I nomi non sono sempre scritti con chiarezza. Fa certamente parte dello stile di queste piccole opere d'arte alludere ai dedicatari per cenni, attraverso velati riferimenti al significato del loro nome o per giochi di parole che spetta al lettore scoprire, mettendo alla prova la sua cultura e abilità interpretativa. In alcuni casi un'espressione si presta a essere letta su due piani differenti e l'esistenza di una seconda lettura allusiva è indicata o dall'uso di un carattere più grande o dall'inserzione di speciali accenti ovvero punti (in genere tre punti disposti a triangolo) al di sopra delle lettere interessate. In altri casi si fa ricorso alla GHEMATRIÀ, ovvero al valore numerico delle lettere, per caricare la parola di nuovi significati simbolici.

Carmagnola non rappresenta l'unica attestazione di cartigli del genere nelle sinagoghe piemontesi. Ve ne sono anche a Cherasco, ove è addirittura attestato un enigma cabalistico di difficile soluzione; a Saluzzo, ove è evidenziata una GHEMATRIÀ sull'anno 1848 in un cartiglio che fa riferimento al re Carlo Alberto e all'Emancipazione degli Ebrei e, naturalmente, nella celebre Sinagoga barocca di Casale Monferrato.

The painted or sculpted inscriptions on the walls of synagogues serve at least three different purposes. The first, although not the most important, has a decorative significance in a place where images are prohibited. The letters of the Hebrew alphabet have an artistic character of their own, beyond the meaning of the words they form, enriching the synagogue walls with their presence.

The second purpose is of an exhortative type. The brief texts, for the most part enriched poetic artifices, such as rhyme and occasionally alliteration, easy to understand and memorize, contain edifying messages to the faithful occupied in prayer. The faithful are constantly reminded of the profound sacredness of the place they are in; they are strongly urged to examine their consciences and to concentrate on their prayers. The Sanctuary of Jerusalem, destroyed "for our transgressions", is constantly brought to mind and the synagogue constitutes, for the Jewish People, on a spiritual and national plane, only a partial compensation for this destruction. The third, strongly characterizing element is that of the dedication. These inscriptions often contain dedications to personalities who, at different times, have left a mark in some way on the life of the synagogue, and often contributed to its building and maintenance with bequests and donations. The names are not always written explicitly. To a certain extent the style of these small works of art is to allude to the honored donor by suggestion, through veiled references to their name or by plays of words which require the reader to discover them, testing his cultural and interpretative ability. In some cases an expression lends itself to a reading on more than one level, and the existence of a second reading is indicated by the use of a larger letter or by the insertion of a special accent, or, even better, points (usually three points in a triangle), above the letter in question. In other cases, GEMATRIYA (an explanation based on the numerical value of the letters) is adopted, in order to charge the word with new symbolic meaning.

The use of this kind of inscription is not unique to Carmagnola. It is also found in other Piedmontese synagogues, such as Cherasco, where there is a cabbalistic riddle of difficult solution; and Saluzzo, where a GEMATRIYA for the year 1848 is found in a painted inscription that refers to King Carlo Alberto and the Emancipation of the Jews. Similar allusions are also found in the famous Baroque Synagogue of Casale Monferrato.

בתחום יוסף כרם נסמן
מקדש שילה משכן קטן
ינון ישע יוסף יבא
לדביר שילה תעוף יונה

**CARTIGLIO DEDICATO A YOSSEF YEHOSHUA'
YONAH (GIUSEPPE GIOSUÈ JONA, O COLOMBO)**
«Fin da antico è stato contrassegnato nel territorio
di Yossef (Giuseppe)
Il piccolo Santuario, il Tabernacolo di SHILOH[1].
Verrà YINNON[2] a rinnovare la salvezza.
Allora la colomba[3] volerà al Santuario di SHILOH[4]».

**INSCRIPTION DEDICATED TO JOSEPH JOSHUA
JONAH (GIUSEPPE GIOSUÈ JONA, OR COLOMBO)**
"From the time of antiquity the territory of Joseph
(Giuseppe) has been marked.
The small Sanctuary, the Tabernacle of SHILOH.[1]
YINNON[2] will come to renew salvation.
Then the dove[3] will fly to the Sanctuary of SHILOH."[4]

[1] Santuario della tribù di Efraim, figlio di Giuseppe (*Gios.* 18, 1)
/ Sanctuary of the tribe of Ephraim, son of Joseph (Joshua 18:1).
[2] Uno dei nomi del Messia (*Sal.* 72, 17) / One of the names of the
Messiah (Psalms 72:17).
[3] Metafora del popolo d'Israele, che rientra dall'esilio / Metaphor
of the Jewish people, which returns from exile.
[4] Qui è un altro nome del Messia (cfr. *Gen.* 49, 10) / This is another name for the Messiah (cf. Genesis 49:10).
[5] *Is.* 55, 6 / Isaiah 55:6.
[6] *Prov.* 11, 27 / Proverbs 11:27.
[7] Letteralmente: «La cui apparenza ne rispecchia gli intimi sentimenti». Cfr. *Yomâ* 72b / Literally, "he whose appearance mirrors
his most intimate sentiments". Cf. Yoma 72b.
[8] Cfr. *Deut.* 7, 9 / Cf. Deuteronomy 7:9.
[9] Recitando un'apposita preghiera di suffragio / Reciting a specific prayer of homage.
[10] Cfr. *Sal.* 8, 6 / Cf. Psalms 8:6.
[11] Fino all'era messianica, in cui sarà ricostruito il Santuario di
Gerusalemme / Until the messianic era, in which the Sanctuary
of Jerusalem will be rebuilt.
[12] Le prime cinque lettere formano la parola *Elishà* / The first five letters form the word *Elijah*.

**CARTIGLIO CON LE PRESCRIZIONI PER MANTENERE
IL RICORDO DEL BENEFATTORE EFRAIM DAVID JONA**
«Impostate verso Dio la supplica, invocateLo poiché si trova
vicino[5]
In ricordo del benefattore[6] sincero e veritiero[7]
fedele alla sua promessa[8] e alla sua parola.
Perciò, amici, mantenete il vostro voto con il vostro Efraim
David Jona.
Di pronunciare un sermone ogni anno al suo anniversario e
di accendere un lume a memoria sua e di sua moglie.
Sia perpetuato il ricordo della sua anima ogni Sabato nella
vostra Comunità[9]
E a ogni digiuno di KIPPUR accendete la torcia per il loro riposo
Perché così vi siete impegnati nei suoi confronti
per iscritto sulle onoranze che merita[10].
Tutto è annotato per sempre, fino al tempo in cui tornerà ad
offrirsi il sacrificio quotidiano[11]».

**INSCRIPTION IN MEMORY OF THE BENEFACTOR
EPHRAIM DAVID JONAH**
"Seek ye the Lord, call ye upon Him while He is near[5]
In memory of the benefactor,[6] sincere and true,[7] faithful
to his promise[8] and to his word.
Therefore, friends, maintain thy pledge with your Ephraim
David Jonah,
to pronounce a sermon each year on his anniversary and light
a candle in memory of his wife.
May the memory of his soul be perpetuated each Sabbath in
your Community[9]
And at each fast of KIPPUR light a torch for their repose.
Because this is the promise that you made to him in writing
for the honor he merits.[10]
All of this has been written forever, until the time returns when
we offer the daily sacrifice."[11]

CARTIGLIO DEDICATO A TALE ELISHÀ' (ALESSANDRO)
«Dio mio esaudisci[12] la mia parlata aggraziata.
Gradisci la mia offerta come un sacrificio[13].
Poiché dal ventre di mia madre Tu mi hai fatto uscire[14].
In Te, o Rocca, è la mia certezza».

INSCRIPTION DEDICATED TO ELIJAH (ALESSANDRO)
"Oh God fulfill[12] my graceful word
Take pleasure in my offer as a sacrifice.[13]
For from the womb of my mother, You made me come forth.[14]
In You, O Rock, is my certainty."

[13] La preghiera ebraica sostituisce l'antico sacrificio / The Jewish
prayer that substitutes the ancient sacrifice.
[14] *Sal.* 22, 10 / Psalms 22:10.
[15] *Ez.* 11, 16. L'espressione allude al fatto che la sinagoga è un
«surrogato» del Tempio di Gerusalemme in scala minore / Ezekiel 11:16. This expression alludes to the fact that the Synagogue
is a "surrogate" Temple of Jerusalem on a smaller scale.
[16] Allusione al nome Netanel (Deodato?) / Allusion to the name
Nathaniel (Deodato?).
[17] Simbolo di benedizione, per una capanna, in opposizione alla
pioggia, che impedisce di risiedervi. La «domanda» della rugiada allude a un preciso evento nella liturgia quotidiana della stagione estiva / Symbol of blessing, for a hut, against the rain, that
prevents one from residing there. The "request" for dew alludes
to a precise event in the daily liturgy of the summer season.
[18] *Es.* 19, 19. Allusione a un nome del dedicatario / Exodus 19:19.
Allusion to the name of the person to whom the inscription is dedicated.
[19] Allusione al Messia e a un altro nome del dedicatario / Allusion to the Messiah, and a different name of the person to whom
the inscription is dedicated.
[20] Allusione alla Redenzione finale / Allusion to the final Redemption.

CARTIGLIO IN ONORE DI TALE NETANEL MOSHE
FIGLIO DI MENACHEM CLAVA
«Questo Santuario in miniatura[15] lo ha dato Dio[16].
Sia come una capanna che protegge
La sua ombra mi custodisce e domanda la rugiada[17]
Mosè è lui che parla[18] al Dio protettore (e dice)
Porti il consolatore[19] rugiada[20] a Israele
E dica della fine dei tempi[21]: la affretterò».

INSCRIPTION IN HONOR OF NATHANIEL MOSHE
SON OF MENACHEM CLAVA
"This is a miniature Sanctuary[15] that was given by God.[16]
That it should be as a shelter which protects me
Its shadow guards me and asks the dew[17]
Moses is he who speaks[18] to God our protector (and says)
Bring the consular[19] dew[20] to Israel
And tell of the end of time:[21] which draws near."

[21] L'espressione può essere letta con differente punteggiatura
Katzigin, cognome in italiano si rende con Clava. *Is*. 60, 22 /
Given a different punctuation, the expression can be read "Katzigin", a family name that in Italian is rendered as Clava. Isaiah
60:22.
[22] *Gen*. 25, 27 / Genesis 25:27.
[23] Allusione al cognome Debenedetti / Allusion to the last
name Debenedetti.
[24] *Prov*. 8, 34 / Proverbs 8:24.
[25] Cfr. *Gen*. 26, 5 / Cf. Genesis 26:5.
[26] *Is*. 33, 18 / Isaiah 33:18.
[27] *1 Sam*. 15, 12 / 1 Samuel 15:12.
[28] *Giob*. 34, 17 / Job 34:17.

CARTIGLIO DEDICATO PROBABILMENTE A YA'AQOV
DE BENEDETTI
«Sappi, per favore, dinanzi a Chi Ti volgi.
Mentre preghi nel Suo Santuario.
Se assoggetterai a Lui il cuore e l'occhio,
come l'integro Giacobbe[22] sarai benedetto nel Suo Nome[23].
Erediterai il suo scettro, ti spanderai, ti edificherai,
eleva la parola Divina secondo il Suo detto».

INSCRIPTION PROBABLY DEDICATED TO A YA'AQOV
DE BENEDETTI
"Know, pray thee, in front of Whom You stand.
As you pray in His Sanctuary.
If you submit your heart and eye to Him as did Jacob[22]
You will be Blessed in His Name.[23]
You will inherit his Scepter, you will spread, you will be
uplifted, raise the divine voice according to His
commandments".

QUESTA È LA PORTA DEL SIGNORE (*SAL*. 118, 20)
«Beato l'uomo che mi presta ascolto presentandosi
quotidianamente alle mie porte[24] e con cuore integro dà
retta alla Mia voce e osserva i Miei precetti e i Miei statuti[25]».

THIS IS THE GATE OF THE LORD (PSALMS 118:20)
"Happy is the man that hearkeneth to me, watching daily at
my gates, waiting at the posts of my doors.[24]
Hearken to My voice, and keep My charge, My
commandments, My statutes, and My laws."[25]

CARTIGLIO DELLA *CHEVRAT ZERIZIM*
(«CONFRATERNITA DEI SOLLECITI»),
CHE SI OCCUPAVA DI GARANTIRE IL *MINYÀN*
(NUMERO LEGALE) ALLE FUNZIONI MATTUTINE
«Chi può contare, chi può soppesare le torri[26]
della Confraternita che raccoglie con un legame stretto[27] co-
loro che salgono alla Casa di Dio.
Essi sono Solleciti a invocare lì tutti la lode.
Il Dio potente non li rigetta[28]; anzi, il Potente soddisfa appie-
no il loro desiderio».

INSCRIPTION OF THE *CHEVRAT ZERIZIM*
("THE BROTHERHOOD OF THE ZEALOUS"),
RESPONSIBLE FOR GUARANTEEING THE *MINYÀN*
(LEGAL NUMBER)
AT MORNING PRAYER "He who can count, he who can
weigh the towers[26]
Of the Brotherhood that gathers tightly,[27] those who rise to the
House of God.
They are Zealous to invoke his praises.
The powerful God does not reject them;[28] nay, the Powerful,
satisfies fully their desire."

Oggetti in mostra
Objects exhibited

Alcuni oggetti esposti in mostra sono riproduzioni. Gli originali sono conservati presso la Comunità Ebraica di Torino /
Some of the objects in the exhibition are reproductions. The original objects are found in the Jewish Community of Torino.

SEFER TORÀ
Libro della Legge. Il Rotolo è un manoscritto, realizzato con inchiostro speciale da appositi amanuensi, dei primi cinque libri della Bibbia o Pentateuco (*Genesi*, *Esodo*, *Levitico*, *Numeri* e *Deuteronomio*). Un brano viene letto ogni sabato, in modo che si abbia una lettura completa nel giro di un anno. La pergamena è fissata a due aste: su una si avvolge il testo già letto, dall'altra si svolge la parte ancora da leggere. Il *SEFER TORÀ* è conservato nell'*ARÒN HA QÒDESH*, avvolto nel *MEIL*, adorno dell'*ATARÀ*, la corona, a simboleggiare la regalità della legge divina e i *RIMMONÌM*, i puntali che ornano i Rotoli della *TORÀ*.

SEFER TORAH
Book of the Law. The Scroll contains the first five books of the Bible, also known as the Pentateuch (Genesis, Exodus, Leviticus, Numbers, and Deuteronomy). It is handwritten by special scribes who use a particular ink. One portion is read every Saturday; the reading of the entire scroll is completed in the course of one year. The parchment is fixed to two wooden poles: on one is wound the part which has already been read, while on the other is the part that remains to be read. The *SEFER TORAH* is kept in the *ARÓN HA KÒDESH*, wrapped in the *MEHIL*, and adorned by the *ATARAH*; the crown represents the regality of divine law and the *RIMMONIM* are the decorative points that surmount and adorn the *TORAH* Scroll.

MEIL (plurale *MEILÌM*)
Manto che avvolge il Rotolo della *TORÀ*. Nella tradizione sefardita, e soprattutto nordafricana, si usa al suo posto un grande astuccio in legno, detto *TIK*.

MEHIL (plural *MEHILIM*)
A cover that is wrapped around the *TORAH* Scrolls. In the Sephardic tradition, and especially in Northern Africa, a large wooden container is used in its place, known as a *TIK*.

ATARÒT (singolare *ATARÀ*)
Corone che sormontano il manto che avvolge il Rotolo della *TORÀ*.

ATARAH (plural *ATARAT*)
A crown that covers the mantle of the *TORAH* Scrolls.

TAS
Collare con medaglione, che viene appeso al Rotolo addobbato.

TAS
Breast plate, a medallion which is hung from the Scrolls as a decoration.

RIMMONÌM (singolare *RIMMÒN*)
Due puntali posti sulle estremità delle aste che sorreggono il Rotolo. *RIMMONÌM* significa melograni, perché un tempo i puntali avevano sempre la forma di questo frutto. Dai puntali possono pendere dei campanellini che, oltre alla funzione decorativa, aggiungono quella «musicale» quando i Rotoli della Legge, addobbati, vengono portati attraverso la sinagoga per essere mostrati ai fedeli.

RIMMONIM (singular *RIMMON*)
Two decorative covers or points are placed on the upper extremities of the poles which support the *TORAH*. The word *RIMMONIM* means pomegranate and its use to describe the ornament comes from the fact that at one time they were always made in the form of this fruit. Sometimes small bells can be hung from the *RIMMONIM*. This adds a "musical" function to the decorative one, when the adorned *TORAH* Scrolls are carried through the synagogue and displayed to the faithful.

SHOFAR
Corno di montone, usato come buccina, il cui suono caratteristico chiama a raccolta il Popolo. Viene usato nelle grandi solennità e in particolare nelle festività penitenziali di principio d'anno.

SHOFAR
A ram's horn, used as an instrument. Its characteristic sound when blown calls the People together. It is used during the most important holidays and in particular during the period of penitence at the beginning of the year.

MENORÀ
Candelabro a sette bracci del Santuario (*Esodo* 25, 31; 37, 17). Dopo la distruzione del secondo Tempio, divenne il simbolo del Popolo Ebraico.

MENORAH
A seven-arm candelabra from the Sanctuary (Exodus 25:31; 37:17) After the destruction of the second temple, it became the symbol of the Jewish People.

YAD

Manina che viene utilizzata nelle funzioni in sinagoga per tenere il segno durante la lettura a voce alta della *TORÀ*. La pergamena della *TORÀ*, secondo il tradizionale rituale, non può essere toccata con la nuda mano. Quando s'interrompe la lettura viene posta sulla superficie scritta della pergamena una tovaglietta (*MAPPÀ*).

YUD

A small, hand-shaped pointer that is used during services to keep one's place while reading the *TORAH* aloud. The Scrolls of the *TORAH*, according to the traditional ritual, cannot be touched with the naked hand. When the reading is interrupted, a small cloth (*MAPPAH*) is placed on the open Scrolls.

TALLIT

Manto quadrangolare fornito, ai quattro angoli, dei cordoni (*SISÌT*) che servono a ricordare al fedele i comandamenti del Signore (*Numeri* 15, 38-41). Lo indossano gli uomini nella preghiera mattutina e in particolari occasioni solenni. È costume dei più osservanti quello di indossare sotto ai vestiti un piccolo *TALLIT* che si chiama *TALLIT KATAN*.

TALLIT

A rectangular prayer shawl with cords on the four corners (*TZITZIT*) which serve to remind the faithful of the Lord's commandments (Numbers 15:38-41). It is worn by men at morning prayer and on particularly solemn occasions. It is customary for the most observant Jews to wear a small *TALLIT* at all times under their clothing called a *TALLIT KATAN*.

KIPPÀ

Piccolo copricapo rotondo che gli Ebrei usano portare per non presentarsi mai a testa nuda al cospetto del Signore, in segno di rispetto. Per questo motivo gli Ebrei pregano solo a capo coperto. Tutti gli uomini che entrano nella Sala di preghiera devono indossare la *KIPPÀ*.

KIPPAH

A small round head cover that the Jews use so that their bare heads are never exposed towards God as a sign of respect. Jews only pray with their heads covered and all men who enter the Prayer hall must wear a *KIPPAH*.

MEZUZÀH

Scatolina in cui è contenuto un minuscolo rotolo di pergamena su cui sono trascritti alcuni versetti del *Deuteronomio*.

MEZUZAH

A small box that contains a tiny scroll on which a few verses from Deuteronomy are written.

TEFILLIN

Due piccoli astucci di cuoio che gli uomini legano con lacci di cuoio nero al braccio sinistro (dalla parte del cuore) e alla fronte per la preghiera del mattino nei giorni feriali. In questo modo il fedele adempie al precetto biblico per il quale la *TORÀ* deve essere «segno sulla tua mano e memoriale fra i tuoi occhi» (*Esodo* 13, 9). All'interno degli astucci (o filatteri), quattro pergamene con brani biblici (*Esodo* 13, 1-10; 11-16; *Deuteronomio* 6, 4-9; 11, 13-21).

TEFILLIN

Two small boxes, made of leather, that men tie with black leather laces to their left arm (on the side of the heart) and to their forehead, for morning prayer on holidays. In this way, the faithful respect the biblical precept for which the *TORAH* must be "a sign upon your hand, and as memory between your eyes" (Exodus 13:9). Inside the boxes or (phylacteries) there are four scrolls with biblical quotes (Exodus 13:1-10; 11-16; Deuteronomy 6:4-9; 11:13-21).

PAROCHET

Tenda ornamentale realizzata in tessuto pregiato posta davanti all'*ARÒN HA QÒDESH*.

PAROCHET

Ornamental curtain made from precious fabrics placed in front of the *ARÒN HA KÒDESH*.

45.

Sinagoga di Cherasco

via Guglielmo Marconi 4

La Sinagoga di Cherasco,
come le Sinagoghe di Mondovì
e Carmagnola, conserva la disposizione
originaria a pianta centrale:
l'*ARÒN HA QÒDESH* è collocato
sulla parete rivolta a est, verso
Gerusalemme. La *TEVÀ* è al centro
della sala e i banchi sono disposti
lungo le pareti perimetrali.

The Synagogue of Cherasco,
like those of Mondovì and Carmagnola,
conserves its original centralized plan:
the *ARÓN HA KÒDESH* is located
on the eastern wall, towards Jerusalem,
and wooden benches line the walls
and face the central *TEVAH*.

La Sinagoga di Cherasco è situata al terzo e ultimo piano dell'edificio dell'antico Ghetto, nel centro storico della cittadina di impianto medievale, tra via Marconi e via Vittorio Emanuele.

Il Ghetto, istituito nel 1730, era un ampio edificio, con cortile interno, dove si affacciavano ballatoi in legno. Questi, attraverso scale, accessi e passaggi, permettevano a tutti gli abitanti di percorrere l'edificio e spostarsi senza la necessità di dover scendere in strada, anche quando, dal tramonto all'alba, venivano chiusi i cancelli di comunicazione con l'esterno. Alla condizione segregata del Ghetto è da imputare anche l'aspetto dell'edificio, privo di elementi decorativi e simbolici che potessero renderlo riconoscibile.

Le prime notizie della presenza ebraica a Cherasco risalgono al 1547, quando alcuni Ebrei originari della Spagna e della Francia meridionale si stabiliscono nel piccolo centro delle Langhe. Con la conquista napoleonica e l'armistizio firmato dal Regno di Sardegna proprio a Cherasco il 28 aprile 1796, gli Ebrei del luogo, almeno le famiglie più abbienti, abbandonarono il Ghetto per trasferirsi in abitazioni più ampie o in campagna. La Restaurazione, con le Regie Patenti del 1816, ristabilì i vecchi ordinamenti, ma a Cherasco gli Ebrei non tornarono tutti nell'angusto Ghetto. La Comunità, che non è mai stata particolarmente numerosa, si è ridotta progressivamente a partire dalla seconda metà del XIX secolo, fino all'estinzione.

Dalla strada, attraverso una scala a piccole rampe, si giunge al vestibolo, che precede l'ingresso alla Sala di preghiera. Qui si trova un lavamani di pietra sormontato da una lapide di marmo che recita: «Offerta dei fratelli Nathan e Abramo Benedetto. Laverò le mie mani con purezza, circonderò il tuo altare o Eccelso! 5557 (1797)». È dunque sul finire del XVIII secolo che l'ambiente sinagogale pare subire un lavoro di trasformazione, probabilmente innestato su una precedente Sala di preghiera. Quella attuale, di forma quadrangolare, illuminata da quattro ampie finestre verticali lungo le pareti sud ed est, presenta delle decorazioni murarie con iscrizioni in ebraico, che riportano riferimenti ai nomi di appartenenti alla comunità.

Al centro dello spazio e dell'attenzione degli astanti si trova la *Tevà*, la tribuna dalla quale l'officiante celebra il rito di preghiera. La *Tevà*, in legno, è di forma ottagonale e risale al XVIII secolo; ha preziose decorazioni dipinte con finti marmi, motivi

The Synagogue is located on the uppermost floor of what was once the Ghetto in the center of the medieval city plan, between via Marconi and via Vittorio Emanuele.

The Ghetto was founded in 1730 in a large building with an internal courtyard. Wooden balconies formed a network of stairways, entries and passageways, allowing residents to move within the building without exiting onto the public street, permitting circulation after sundown when the external gates were closed.

The facade reveals the segregated condition of the inhabitants of the Ghetto: there are, in fact, no decorative or symbolic elements that make the Synagogue recognizable from the outside.

The first documentation of a Jewish presence dates back to 1547, when a few Jews from Spain and southern France settled in this small urban center of the Langhe.

Napoleonic victory led to the signing of the armistice by the Kingdom of Sardinia in Cherasco on April 28, 1796. The Jews, at least the more wealthy families, abandoned the Ghetto, moving to homes in the more spacious countryside. Although a Royal Patent of 1816 restored the old order in Cherasco, not all the Jews returned to the crowded Ghetto. From the beginning of the nineteenth century, the community, which was never large, progressively dwindled to extinction.

From the street, up a narrow stairway, passing through a small atrium, is the entry to the Prayer hall. Here, above a stone hand basin, is a marble dedication plaque that reads: "Offered by the brothers Nathan and Abramo Benedetto, 'I shall wash my hands with purity, and I shall surround your altar o all mighty!' 5557 (1797)". It is probable, therefore, that the Synagogue was renovated at the end of the eighteenth century, most likely on the bases of a preexisting plan. The current square hall is illuminated by four, large, vertical windows that line the southern and eastern walls. The parietal decorations are formed by Hebrew inscriptions that paraphrase traditional prayers, while alluding to members of the community; they are framed by floral patterns and faux marble.

Visual attention is centered on the *Tevah*, the Tribune from where the prayer ritual is officiated. The octagonal wooden *Tevah* dates from the eighteenth century and is richly decorated with faux marble, floral patterns, and colors that echo the tones of the *Arón ha Kòdesh* and the prayer-hall walls.

46.

47.

48.

49.

46. L'affaccio su
via Marconi / The front
on via Marconi.

47. *ARÒN*, posto
sulla parete orientale della
Sinagoga, a restauro
ultimato / *ARÓN HA
KÒDESH* on the eastern
wall of the Synagogue,
after restoration.

48. *TEVÀ*, posta
al centro della sala,
come appariva prima
dei restauri. Alle sue
spalle s'intravede
il matroneo / *TEVAH*,
in the middle of the room,
before restoration. Behind
is the women's gallery.

49. L'auletta restaurata /
The restored classroom.

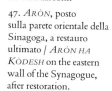

floreali e colori intonati ai dettagli dell'ARÒN e dei muri, e la sua fattura si avvicina a quella di Chieri (ora a Torino) e di Mondovì. L'ARÒN HA QÒDESH è collocato a est, lungo la parete di sinistra rispetto all'ingresso: le antine lignee sono finemente cesellate e dorate. Sulla sala, dal piano superiore, inquadrato da colonnine in legno, si affaccia il matroneo, che è di minuscole dimensioni e si raggiunge attraverso una scaletta dal vestibolo della Sinagoga. Numerosi reperti ritrovati durante il restauro, come le tende delle finestre e gli addobbi della TORÀ, indicano un ambiente originario riccamente decorato con tessuti di notevole pregio, alcuni databili a fine Seicento.

Sempre dal vestibolo, poi, una porta conduce a un'auletta, antico luogo di studio per i bambini della Comunità.

Dal 2003 è iniziato il restauro conservativo della Sala di preghiera e degli ambienti a essa prossimi. In locali attigui è stata allestita la mostra «Vita e cultura ebraica. Documentazione fotografica sulla presenza ebraica in Piemonte nei secoli XVIII e XIX», realizzata da Giorgio Avigdor nel 1985 e di proprietà dell'Archivio Terracini.

Il restauro ha mirato a preservare le caratteristiche degli spazi e l'eterogeneità degli elementi che si sono stratificati nel tempo, evidenziando la vitalità espressiva degli ambienti.

La Comunità Ebraica di Torino ha affidato nel 2002 la Sinagoga, insieme al locale cimitero, alle cure della Fondazione De Benedetti - Cherasco 1547.

L'intervento di restauro è stato realizzato su progetto dell'architetto Deborah Gutowitz.

The ARÓN is similar to the one that was located in Chieri (now in Torino), as well as that of Mondovì. The ARÓN is located on the eastern wall to the left of the entryway: the wooden doors are finely sculpted with gold-leaf decorations. A narrow stairway from the atrium connects the Prayer hall to the small women's gallery that is framed by wooden columns and overlooks the main hall. Several artifacts that were found during the restoration, such as the window curtains and the rich fabric TORAH mantles, suggest a former space finely decorated with precious fabrics, some dateable as early as the end of the seventeenth century. From the atrium a door opens onto a small classroom, where the children of the Community were schooled.

The restoration of the Prayer hall and connected spaces began in 2003. A photographic exhibition, "Jewish life and culture - photographic documentation of the jewish presence in Piedmont during the eighteenth and nineteenth centuries", made by Giorgio Avigdor (1985), is housed in the adjacent room. The photographs are on loan from the Terracini Archive.

The restoration aimed to preserve the uniqueness of the complex and the heterogeneous elements that have accumulated over time, underlining the expressive vitality of the spaces.

The Turinese Jewish Community entrusted the Synagogue and the local cemetery in 2002 to the Fondazione De Benedetti - Cherasco 1547.

The restoration was directed by the architect Deborah Gutowitz.

50.

52.

51.

53.

0 1 2 4 ▲ Nord
1:400

54.

50. Pianta al piano
della Sala di preghiera /
Plan of the Prayer hall
level.

51. Pianta al piano
del matroneo / Plan of the
women's gallery level.

52. Sezione AA: entrata
al piano della sala
e del matroneo / Section
AA: entrance to the hall
and women's gallery.

53. Sezione BB: Sinagoga
e auletta / Section BB:
Synagogue
and classroom.

54. Foto aerea / Aerial
photograph.

55.

Sinagoga
di Mondovì
via Vico 65

La Sinagoga di Mondovì è stata ricavata
all'interno di un edificio preesistente,
all'ultimo piano, e, come nella maggior
parte delle sinagoghe di Ghetto,
non vi è alcun elemento che riveli la sua
presenza all'esterno. La sala conserva
la disposizione originaria a pianta centrale
con i banchi rivolti verso la *TEVÀ*,
fulcro dello spazio liturgico.

The Synagogue of Mondovì is located
on the top floor of a preexisting building
and, as in most Ghetto synagogues,
there are no elements that reveal
its presence from the outside.
The Prayer hall maintains the original
centralized plan with the benches
facing the *TEVAH*, the focal point
of the liturgical space.

La Sinagoga sorge in Mondovì Piazzo, nella parte alta dell'abitato, da dove domina il territorio circostante, all'interno dell'isolato in cui trovava collocazione il Ghetto.

Quest'ultimo venne istituito nel 1724, a seguito delle disposizioni regie di Vittorio Amedeo II, e collocato nella parte alta della città. Esso si trovava nella contrada di Vico, nella zona centrale, accanto alla confraternita di Sant'Antonio, in difformità dalla consuetudine di allontanare gli Ebrei dai luoghi di culto e dalle abitazioni dei cristiani. Il Ghetto di Mondovì, a differenza di altre località, pare non fosse chiuso da cancelli.

La comunità monregalese ha origine dopo la seconda metà del Cinquecento, e ha rappresentato all'epoca un riferimento per gli Ebrei residenti nelle vicine località (Carrù, Bene Vagienna, Dogliani, Vicoforte, Fiamenga e Ceva). La comunità Ebraica di Mondovì non è mai stata numerosa, e ha raggiunto l'apice nella seconda metà del XIX secolo con circa duecento unità, per poi diminuire progressivamente negli anni successivi ed estinguersi alla fine del secolo scorso.

Dall'androne, salendo oltre le abitazioni dei piani inferiori, si arriva in una piccola Sala di preghiera a pianta quadrangolare. Il pavimento si compone di doghe lignee disposte a ottagoni concentrici. Lungo le pareti si distende una singolare decorazione a *trompe l'oeil* che simula un'architettura di colonne, archi e velari. Al centro si leva una preziosa *Tevà* ottagonale, in legno, con il coronamento sostenuto da otto colonne provviste di capitelli corinzi dorati. L'*Aròn ha Qòdesh* è posto sul lato orientale della sala, in maniera tale che volgendo verso di esso lo sguardo si fissi la direzione di Gerusalemme. L'*Aròn* è interamente in legno dorato, impreziosito da due colonne tortili che incorniciano il candelabro a sette braccia (*Menorà*), finemente scolpito a bassorilievo sulle antine. Al centro del timpano superiore sono collocate le Tavole della Legge. Innanzi all'*Aròn* scendono dal soffitto otto lumi, originariamente a olio. Due finestre ai suoi lati provvedono all'illuminazione naturale, aprendosi su una loggia splendidamente affacciata sulle morbide colline del Monregalese.

Uscendo sul ballatoio si trova un piccolo sgocciolatoio, che probabilmente alimentava il bagno rituale delle donne (*Mikvè*), del quale non è tuttavia rimasta alcuna traccia. Accanto alla Sala di preghiera si dispongono il matroneo, posto in comunicazione con la sala da due finestre, e un'auletta scolastica, luogo

The Synagogue is in Mondovì Piazzo, the higher plane of this hill town, where it visually dominates its surroundings, located in the same block that once formed the Ghetto. The Ghetto was founded by royal decree in 1724 by Vittorio Amedeo II. It was centrally located in the Vico Contrada next to the confraternity of Sant'Antonio. This differed from the general tendency to segregate all Jews from Christian churches and homes. It seems that Mondovì's Ghetto, unlike most of the others, was not closed off by gates.

The origins of the Mondovì community, which at the time was a point of reference for the surrounding Jewish communities (Carrù, Bene Vagienna, Dogliani, Vicoforte, Fiamenga, and Ceva), go back to the end of the sixteenth century.

Never large, the Jewish community of Mondovì reached its peak in the second half of the nineteenth century with approximately 200 members, declining consistently to extinction at the end of the twentieth century.

From the entryway, beyond the residential apartments on the lower floors, one arrives at a small square prayer room. The wooden floors are formed by a concentric octagonal pattern. Along the walls there is a unique *trompe l'œil* decoration that recreates architecture of columns and arches. In the center of the room one finds the refined, octagonal, wooden *Tevah*. Eight columns with golden Corinthian capitals sustain its decorative crown.

The *Aròn ha Kòdesh* is placed on the eastern side of the room, directing prayer towards Jerusalem. The wooden *Aròn* is decorated in gold, and accentuated by two twisted columns that frame a seven-armed candelabra (*Menorah*). The doors are finely decorated in low relief. In the center of the upper tympanum of the *Aròn* are the Tablets of the Ten Commandments. In front of the *Aròn* eight, originally oil-burning, lights hang from the ceiling. Two windows to either side of the *Aròn* allow natural light to enter and open onto a balcony that looks out towards the rolling hills.

Nothing remains of the women's ritual bath (*Mikvè*), although, on the balcony, a small channel that probably once fed it still exists. The women's gallery is connected to the Prayer hall by two windows and adjacent to this is a small classroom, where the young members of the community studied. This last room is furnished with a blackboard, a few desks, a table, and a cab-

56.

57.

58.

60.

59.

61.

56. L'edificio che ospita all'ultimo piano la Sinagoga, in via Vico / The building that houses the Synagogue on the top floor in via Vico.

57. Il fronte interno dell'edificio, con il loggiato / The internal front of the building, with the loggia.

58. La Sala di preghiera con la TEVÀ al centro e l'ARÒN sulla parete orientale / The Prayer hall with the central TEVAH and the ARÓN placed on the eastern wall.

59. Particolare della lampada all'interno della TEVÀ / Detail of the lamp in the TEVAH.

60. TEVÀ / TEVAH.

61. L'auletta scolastica / The classroom.

d'istruzione per i giovani della Comunità. Quest'ultima è allestita con una lavagna, alcuni banchi, un tavolo e un armadio. L'edificio denuncia un ampliamento in corrispondenza dell'auletta e del loggiato, probabilmente costruiti per accogliere gli ambienti accessori alla Sala di preghiera, quando fu stabilito che ai piani inferiori sarebbero state ospitate le famiglie ebraiche raccolte all'interno del Ghetto.

L'intervento conservativo ha cercato di individuare nelle tecniche del restauro lo spazio per far convivere esigenze diverse, a volte apparentemente contrastanti: rendere sicuro ed efficiente l'involucro edilizio, ricostruire e preservare i valori percettivi originali dell'opera e, insieme, mantenere avvertibile la suggestiva presenza della storia.
Così è stata ricostituita l'integrità pittorica della decorazione della sala, intervenendo in sottotono nelle lacune dove il degrado degli intonaci era ormai diffuso e irreversibile, in modo da equilibrare il rapporto tra le diverse superfici; è stata mantenuta traccia dei sondaggi effettuati mediante indagine stratigrafica, che rivelano la presenza di una decorazione precedente a quella fissata dal restauro; è stata ricostruita la volta in cannicciato del matroneo, utilizzando le tecniche originali.
La chiusura della loggia, resa necessaria per evitare l'ulteriore degrado dell'ARÒN, è stata realizzata con una sottile struttura in ferro e vetro, unico segno evidente e deliberato delle modifiche recenti, che mantiene leggibile la leggerezza del disegno degli archi e del parapetto esistenti.
L'intervento di restauro è stato realizzato intorno al 1990 su progetto degli architetti Franco Lattes e Paola Valentini.

inet. The classroom and the loggia were most likely an addition, providing space for functions that had to be moved from the lower floors to free up living space for new arrivals of Jewish families in the Ghetto.

The restoration tried to combine needs that are apparently in conflict with one another: to make the building safe and efficient, to rebuild and preserve the original values of the Synagogue, and to maintain the evocative awareness of the presence of history.
In this way the integrity of the pictorial decorations of the main hall were reconstructed (using muted tones) where there were gaps and where the pictorial decay of the stucco was extensive and irreversible, in order to create a balance between the various surfaces; samples of the historical layering that were found during restoration were maintained as testimony to what had existed in other historical periods. The vault of the women's gallery was restored using original methods of construction of an interwoven branch structure.
The loggia was closed by a thin steel and glass window in order to prevent further damage to the ARÓN; this is the only sign of a deliberate contemporary intervention, and it maintains the visual perception of the delicate design and lightness of the existing arches and parapet.
The architects Franco Lattes and Paola Valentini were responsible for the restoration.

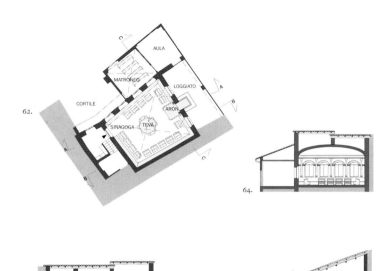

62.

66.

62. Pianta / Plan.

63. Sezione longitudinale AA con *ARÒN* e loggiato / Longitudinal section AA with the *ARÓN* and the loggia.

64. Sezione trasversale CC: matroneo e Sala di preghiera / Transverse section CC: women's gallery and Prayer hall.

65. Sezione longitudinale BB: la decorazione a *trompe l'oeil* e il loggiato / Longitudinal section BB: *trompe l'œil* decorations and loggia.

66. Foto aerea / Aerial photograph.

AULA

MATRONEO

LOGGIATO

CORTILE

ARÓN

SINAGOGA TEVÀ

63.

65.

0 1 2 4 ▲ Nord

1:400

67.

Sinagoga di Saluzzo

via Deportati Ebrei 29

La Sinagoga di Saluzzo è a pianta rettangolare.
I banchi sono disposti in file parallele e rivolte
verso l'*Aròn*, incastonato nella parete orientale;
la *Tevà* si trova dinanzi a esso, in posizione
rialzata rispetto al pavimento della sala.
Questa è situata all'ultimo piano, nascosta
dietro una facciata anonima e priva di elementi
decorativi, all'interno di quello che era stato
il secondo insediamento degli Ebrei,
segregati dal resto della città.

The Synagogue of Saluzzo is on a rectangular
plan. The benches are arranged in parallel rows
facing the *Arón* that is embedded in the eastern
wall. Immediately in front of it, the *Tevah*
is slightly elevated. The Synagogue, disguised by
an anonymous facade devoid of decorative
elements, is located on the top floor of what
had been the second forced settlement
of the Jews.

Il Ghetto di Saluzzo viene istituito nel 1724, dopo che già precedentemente si era tentato di ottenere la segregazione degli Ebrei, ed è sostituito nel 1795 da un secondo insediamento, lungo l'antica via Venezia, oggi via Deportati Ebrei, nel centro cittadino. La via è intitolata a quei ventinove, dei quarantadue Ebrei residenti a Saluzzo, che furono deportati nei lager senza far più ritorno a casa.

I primi Ebrei arrivarono a Saluzzo alla fine del XV secolo – cacciati prima dalle terre di Spagna, poi dalla vicina frazione di Piasco – e con il tempo divennero un nucleo stabile. La città faceva parte del Marchesato di Saluzzo quando, nei primi anni del Seicento, passò sotto la dominazione sabauda. A quel tempo la popolazione ebraica delle località vicine, che già faceva capo alla Comunità saluzzese, si raccoglieva nella città, più sicura delle zone circostanti. La storia degli Ebrei saluzzesi si è intrecciata con le vicende cittadine, tanto che alcuni di essi sono stati attivi nell'amministrazione pubblica del periodo napoleonico. Quando fu promulgato lo Statuto Albertino, dopo il buio periodo della Restaurazione, gli Ebrei festeggiarono l'avvenimento ornando l'ingresso del Ghetto con luminarie e iscrizioni in onore del sovrano. A partire dall'inizio del Novecento anche Saluzzo ha assistito al declino demografico della propria Comunità, che è stata assorbita nel 1931 da quella torinese.

Dalla strada, attraverso un grande arco, si entra nel cortile di quello che era stato il Ghetto di cui si intuisce, nonostante le recenti trasformazioni edilizie, la configurazione originaria.

La Sinagoga, di ampie dimensioni, è situata all'ultimo piano dell'edificio. L'attuale Sala di preghiera, probabilmente sorta dalla riplasmazione di una precedente sinagoga, è stata realizzata nel 1832, grazie a generose offerte dei fedeli. La configurazione dello spazio presenta una disposizione interna che anticipa i caratteri di molte sinagoghe del periodo seguente all'Emancipazione, che lo Statuto Albertino avrebbe sancito pochi anni dopo.

La zona d'ingresso è sovrastata dal matroneo, sorretto da colonne e schermato da una fitta grata di legno. L'*ARÒN* e la *TEVÀ*, posta dinanzi a esso, accolgono lo sguardo di coloro che entrano nella sala e si siedono nei banchi. L'*ARÒN*, in legno, con preziosi intarsi dorati, è appoggiato lungo la parete e sostituisce un precedente armadio oggi conservato a Gerusalemme. La *TEVÀ* è un semplice leggio recintato da una balaustra in legno e privo di coronamento. La luce, che durante il giorno proviene

The Saluzzo Ghetto was founded in 1724, after numerous attempts to segregate the Jews. It was then replaced by a second settlement in 1795 that was in the previously named via Venezia, now via Deportati Ebrei (street of the deported Jews), in the center of the city. The street was named after twenty-nine, of the forty-two Jews resident in Saluzzo, who were taken to the concentration camps and never returned.

The first Jews to arrive in Saluzzo at the end of the fifteenth century had been expelled from Spain and then from nearby Piasco, after which they became a stable community. Saluzzo was once part of the Saluzzo Marquisate, until the beginning of the seventeenth century when the city passed under the domain of the Savoy dynasty. At the time, the Jewish population in nearby towns moved towards the more secure Saluzzo, which had already been central to the area. The history of the Saluzzo Jews intertwines with that of the city, so much that there were Jews in the public administration during the Napoleonic period. When the Albertine Statute was enacted, after the long, dark, period of the Restoration, the Jews celebrated it by decorating the Ghetto with lights and inscriptions honoring the king. From the beginning of the twentieth century the Community of Saluzzo experienced a demographic decline that led to its fusion with that of Torino in 1931.

From the street, through a large archway, one enters the courtyard of what used to be the Ghetto: from that one can understand the original form of the building, despite the recent construction transformations.

The large Synagogue is located on the top floor of the building. The current Prayer hall, probably created from a remodeling of a former synagogue, was built in 1832 thanks to the generous donations from community members. The form of the space presents an internal arrangement that anticipated the character of many synagogues that were erected after the Emancipation introduced by the Albertine Statute a few years later.

The entryway is crowned by the women's gallery, sustained by columns and closed by a dense wooden screen. The view of the *ARÓN* and the facing *TEVAH* welcomes those who enter and approach the benches. The wooden *ARÓN*, with precious golden inlays, is located along a wall and replaces a previous cabinet currently preserved in Jerusalem. The *TEVAH* is a simple book rest surrounded by a wooden banister without crowning. The lighting, which during the day comes from eight large win-

68.

69.

70.

71.

72.

68. La facciata della Sinagoga, su via Deportati Ebrei, priva di decorazioni / The facade of the Synagogue on via Deportati Ebrei, devoid of decoration.

69. *ARÒN* e *TEVÀ* / *ARÓN* and *TEVAH*.

70. La Sala nella situazione precedente al restauro / The Prayer hall before restoration.

71. *TEVÀ* e matroneo / *TEVAH* and women's gallery.

72. La volta della Sinagoga con gli affreschi emersi durante i restauri / The vault of the Synagogue with the frescoes that emerged during restoration.

dalle otto grandi finestre poste sui lati della sala, è arricchita dai numerosi lampadari in cristallo che pendono dal soffitto voltato, e si specchia negli inserti dell'ARÒN, creando morbidi riflessi. Una sola iscrizione impreziosisce le pareti, prive di particolari decorazioni, ma la volta affrescata con raffigurazioni simboliche domina lo spazio della sala. Al piano superiore, accanto al matroneo - cui si accede dalla scala e dal piccolo spazio antistante l'ingresso della sala stessa - vi è una stanzetta destinata all'educazione dei bambini.

Il progetto di restauro prevedeva, in un primo tempo, che sulle pareti e sulla volta della sala fosse consolidato e integrato lo strato pittorico più recente, in considerazione della corrispondenza con l'impianto architettonico della sala e il suo valore di immagine fissata nella memoria degli ultimi membri della comunità Ebraica saluzzese.
La Sinagoga, durante i lavori di restauro, ha rivelato uno strato pittorico precedente che, pur con vaste lacune, presenta caratteri originali e imprevisti. Caratteri che hanno indotto a modificare le prime ipotesi progettuali, per liberare e restaurare una consistente parte della decorazione più antica. Con il restauro è affiorato un affresco composto da una serie di raffigurazioni allegoriche; una anomalia rispetto all'ampio panorama delle sinagoghe italiane, nelle cui decorazioni parietali è per lo più assente la rappresentazione di figure. Il repertorio allegorico emerso dal restauro rimanda direttamente alle raffigurazioni presenti nelle ante del vecchio ARÒN HA QÒDESH, e conferma l'ipotesi di una precedente configurazione della sala, probabilmente settecentesca.
L'intervento di restauro è stato realizzato intorno al 1990 su progetto degli architetti Franco Lattes ed Enrica Segre.

dows on the sides of the hall, is enriched by a series of crystal chandeliers hanging from the vaulted ceiling that reflect in the inlays of the ARÓN, creating a soft play of light. There is only one inscription that decorates the plain walls, while the frescoed ceiling, with symbolic representations, dominates the space of the hall. On the upper floor, next to the women's gallery, which is accessed either from the stairway or the space in front of the prayer room, there is a small room dedicated to the children's education.

Originally the restoration foresaw that the most recent coat of paint on the walls and ceiling would be conserved and integrated to maintain similarity with the building's architecture and the image fixed in the memory of the last members of the Saluzzo Jewish community.
During restoration a previous layer of decoration was discovered and despite the many large empty surfaces it presented, its unique and unexpected characteristics led to the modification of the original design hypothesis. It was decided to uncover and restore a substantial part of the older decorations. During restoration, a truly anomalous fresco was discovered: unlike the majority of Italian synagogues its decoration represented figures. The allegoric repertoire that emerged during the restoration echoes the images placed on the doors to the old ARÓN HA KÒDESH and confirms the theory of a previous arrangement of the hall probably of the eighteenth century.
The architects Franco Lattes and Enrica Segre were responsible for the restoration that began in 1990.

73. Particolare della volta / Detail of the vault.

73.

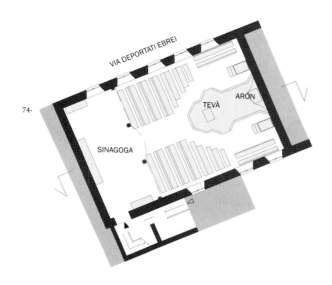

74.

VIA DEPORTATI EBREI

SINAGOGA

TEVÀ

ARON

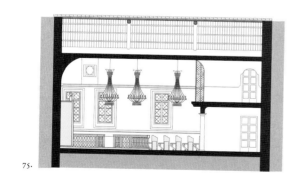

75.

0 1 2 3 ▲ Nord

1:300

76.

74. Pianta al piano
della Sala di preghiera /
Plan of the Prayer
hall level.

75. Sezione
longitudinale: Sala
di preghiera e matroneo /
Longitudinal section:
Prayer hall
and women's gallery.

76. Foto aerea / Aerial
photograph.

77.

Sinagoga
di Casale Monferrato
vicolo Salomone Olper 44

La Sinagoga, in origine una piccola sala di forma rettangolare a pianta centrale, ha costituito ininterrottamente il fulcro della Comunità locale sin dalla fine del XVI secolo. La Sala di preghiera ha subito nel tempo profonde modificazioni, è stata progressivamente ampliata e oggi le due file di banchi sono orientate verso l'*ARÒN HA QÒDESH* che sovrasta l'antistante *TEVÀ*.

The Synagogue, originally a small rectangular room on a central plan, has, since the end of the sixteenth century, represented the core of the local Community. The Prayer hall has been radically transformed over time, being gradually expanded. Today the two rows of benches face the *ARÓN HA KÒDESH* that overlooks the *TEVAH* placed before it.

La Sinagoga di Casale rappresenta un esempio di architettura barocca di indiscutibile interesse, frutto di un felice incontro tra il linguaggio compositivo della tradizione locale, la cultura dell'ebraismo diasporico e la storia degli Ebrei casalesi. Essa sorge nell'ampio isolato del vecchio Ghetto, compreso tra le attuali via Roma, vicolo Castagna, piazza San Francesco, via Balbo e via D'Azeglio, in quella che già era nota come «Contrada degli Ebrei».

Gli Ebrei, presenti nella città a partire dalla fine del XV secolo - in seguito all'espulsione dalla Spagna - godevano presso la corte dei marchesi del Monferrato di una relativa tranquillità, ottenuta in cambio di generosi tributi, ed erano quasi sempre trattati con una certa benevolenza.

All'inizio del XVIII secolo, con il passaggio del Monferrato ai Savoia, la situazione peggiorò e anche a Casale, dopo il 1724, venne istituito il Ghetto. Qui, proprio nel vicolo più interno e protetto, già sorgeva da ben più di un secolo la Sinagoga.

La Comunità di Casale Monferrato era numerosa: nel 1761 contava 136 famiglie per un totale di 673 persone, che costituivano il secondo Ghetto più popoloso del Piemonte dopo Torino. All'epoca della proclamazione dello Statuto Albertino gli Ebrei a Casale erano circa 850, ma negli anni successivi la loro presenza diminuì rapidamente.

L'edificio, privo di caratteri esteriori che ne rivelino la funzione, racchiude una Sala di preghiera che, per la grandiosità e la ricchezza dello spazio, è unica in Piemonte.

La sala è al piano terreno e si presenta, nel suo mirabile aspetto, sulla sinistra dell'atrio, appena entrati dall'anonimo portone di ingresso. Essa ha subito, sin dall'inizio del XVIII secolo, numerose risistemazioni, per adattarsi alle esigenze della Comunità; se ne trova traccia nelle iscrizioni poste sulle pareti perimetrali. Nel corso del XIX secolo la sala viene nuovamente ampliata e viene costruito il portico lungo il fronte ovest.

L'ARÒN, in stile neoclassico, è sormontato da un timpano ornato da un prezioso fregio e sostenuto da colonne lignee; sulla sua sommità sono collocate le Tavole della Legge. La TEVÀ, posta dinanzi a esso, è rialzata rispetto al piano della sala e chiusa da un cancello in ferro battuto, dipinto in verde e oro.

Finestre di grandi dimensioni si aprono sui lati a est e ovest e le pareti sono ricoperte di iscrizioni incorniciate da motivi ornamentali in legno e stucchi dorati: oltre a quelle relative alle vi-

The Casale Synagogue is an indisputably interesting example of Baroque architecture resulting from a combination of local building traditions, the Jewish diasporic culture, and the history of the Casale Jews. The Synagogue is located in the large old Ghetto that is bordered by what are now via Roma, vicolo Castagna, piazza San Francesco, via Balbo, and via D'Azeglio, and is situated in what was originally known as 'Contrada degli Ebrei'.

Jews came to Casale following expulsion from Spain at the end of the fifteenth century. They maintained a peaceful relationship with the Monferrato marquess in exchange for generous economic contributions.

At the beginning of the eighteenth century, when Monferrato was conquered by the Savoy dynasty, the situation worsened and in 1724 the Ghetto was established in Casale. Here, in the most secluded and protected street, the Synagogue had already existed for over a century.

Casale Monferrato's Jewish Community was very large: in 1767 it counted 136 families for a total of 673 people, making it the second - after Torino - most populated Ghetto in Piedmont. When the Albertine Statute was proclaimed there were approximately 850 Jews in Casale, but in the following years the population rapidly decreased.

The building, which does not reveal its function from the outside, encloses a Prayer hall that for its grandeur and richness is unique in Piedmont.

The hall, in all its beauty, is located on the ground floor to the left of the atrium just inside the anonymous doorway. Since the beginning of the eighteenth century the Synagogue has undergone numerous changes to fit the needs of the Community. One can find proof of this in the inscriptions placed on the side walls. During the nineteenth century the hall was once again enlarged and the portico along the western front was built.

The Neoclassical ARÓN is crowned by a tympanum richly decorated with a frieze and sustained by wooden columns. On top of the ARÓN one finds the Tablets of the Ten Commandments. The TEVAH, placed in front of the ARÓN, is elevated from the rest of the hall and closed by a green and golden metal gate. Large windows open on both the western and the eastern sides of the hall and the walls are covered in inscriptions surrounded by wooden and golden ornamental flower motives. Inscriptions

78.

79.

81.

80.

82.

78. Vicolo Salomone
Olper, nel cuore del
vecchio Ghetto di Casale /
Vicolo Salomone Olper,
in the heart of the old
Ghetto.

79. Particolare delle
iscrizioni lungo le pareti /
Detail of the inscriptions
on the walls.

80. I banchi della
Sinagoga sono rivolti verso
l'*ARÒN*, davanti al quale
si trova la *TEVÀ* / The
benches face the *ARÒN HA
KÒDESH*, in front of which
is the *TEVAH*.

81. Veduta d'insieme
della volta affrescata /
Overall view of
the frescoed vault.

82. Il cortiletto interno /
The internal courtyard.

cende dell'edificio, compaiono citazioni bibliche e storiche. Raffinate grate lignee cesellate proteggono i due matronei sovrapposti, che si affacciano dal primo e dal secondo piano.

La Sinagoga di Casale è stata restaurata alcuni decenni or sono, dopo un lungo periodo di abbandono.
Nel 1969, nei locali attigui alla sala e nei due matronei è stato allestito un importante Museo di Arte e Storia Antica Ebraica, che raccoglie collezioni di arredi sacri e argenti e documenta la vita sociale e liturgica degli Ebrei. Al piano terreno vi è l'Archivio Storico, che custodisce i documenti e la storia dell'insediamento ebraico a Casale.
Nel 1994 è stato inoltre realizzato il Museo dei Lumi, costituito da un'interessante collezione di *HANNUKIÒT*, lampade celebrative a otto luci realizzate da artisti contemporanei.
Dal 2000 il complesso ospita anche la sede della Fondazione Arte Storia Cultura Ebraica per la tutela e la valorizzazione dei beni ebraici.
L'intervento di restauro è stato realizzato intorno al 1968 su progetto degli architetti Giulio Bourbon e Giorgio Lambrocco.

that cite biblical or historical events accompany references to the building's transformation. Refined wooden screens protect the two women's galleries and decorate the Prayer hall along the first and second floors.

The Casale Synagogue was restored a few decades ago after a long period of abandonment. An important Museum of Jewish Art and Ancient History was inaugurated in 1969 in the rooms adjacent to the Prayer hall and in the women's galleries. It hosts a collection of sacred furniture and silver and it documents the social and religious life of the Jews. The historic Archive, which houses documents relating to the history of Casale's Jewish Community, is located on the ground floor.
In 1994 the Museum of Lights was opened. It includes an interesting collection of *HANNUKIOT*, celebrative candelabras with eight lights, designed by contemporary artists.
Since 2000 the building is also home to the Jewish Art, History, and Culture Foundation that preserves and enhances the Jewish patrimony.
The restoration was directed by the architects Giulio Bourbon and Giorgio Lambrocco in 1968.

83. Vista d'insieme della sala verso l'*ARÒN*; si noti il pulpito sulla sinistra / Overview of the Prayer hall towards the *ARÓN*; note the pulpit on the left.

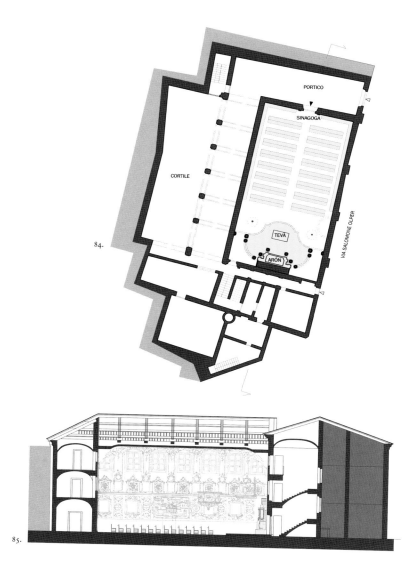

84.

CORTILE

PORTICO

SINAGOGA

TEVÀ

ARÒN

VIA SALOMONE OLPER

85.

0 1 2 4 ▲ Nord
1:400

84. Pianta al piano terreno: Sala di preghiera / Plan of the ground floor: the Prayer hall.

85. Sezione longitudinale: posizione dei due matronei sovrapposti / Longitudinal section: position of the two superimposed women's galleries.

86. Foto aerea / Aerial photograph.

86.

85

87.

Sinagoga di Ivrea

via Quattro Martiri 20

La Sinagoga di Ivrea è collocata in un grande edificio interno al Ghetto, dove sono ospitate, una accanto all'altra, due sale di preghiera, l'una di piccole dimensioni, in uso, l'altra, più grande, oggi di proprietà della Città di Ivrea. La Sinagoga grande è a pianta trapezoidale, i banchi sono disposti in due file e sono rivolti a est, verso l'*ARÒN* e la *TEVÀ*, posti sull'asse prospettico della sala, in posizione rialzata.

In Ivrea the Synagogue is made up of two prayer halls within a large building located in what was once the Ghetto. The smaller of the two is still in use, whereas the larger one is now owned by the City of Ivrea. The large Prayer hall is trapezoidal in plan. The benches, in two rows facing east towards the *ARÓN* and the *TEVAH*, are located on the perspective axis of the hall in an elevated position.

Le Sinagoghe eporediesi sorgono nel cuore del vecchio Ghetto, istituito nel 1725 su via Quattro Martiri. Qui, infatti, era stata insediata la popolazione ebraica che proveniva da altri luoghi di residenza, concentrata prima al Borghetto e quindi intorno all'attuale via Napoleone, allora conosciuta infatti come «Contrada degli Ebrei».

La storia degli Ebrei a Ivrea è costellata di episodi tormentati, soprattutto in relazione all'odio delle popolazioni delle campagne circostanti; episodi che erano culminati, in non pochi casi, in comportamenti di aperta ostilità, come nel 1443, quando una sommossa popolare aveva messo in serio pericolo la vita del nucleo ebraico.

A partire dal 1822 la comunità di Ivrea, aumentata sensibilmente in concomitanza con lo sviluppo industriale della città, s'impegnò nella realizzazione di una nuova sinagoga, poiché quella esistente, che si trovava in un locale al quarto piano di un edificio vetusto, era «poco ampia e poco decorosa». La Sinagoga fu inaugurata nel 1863, ma, nel giro di pochi anni, la comunità locale si ridusse, tanto da dover abbandonare l'idea di utilizzare la nuova Sala di preghiera, nata per celebrare, come in altre città del Piemonte, la svolta storica dell'Emancipazione.

A Ivrea esistono dunque tuttora due sinagoghe; l'una, più piccola, è utilizzata dagli Ebrei eporediesi, che costituiscono una sezione della Comunità di Torino; l'altra, più grande, è stata di recente restaurata ed è aperta al pubblico per eventi culturali. Circa vent'anni fa, infatti, la Sinagoga è stata ceduta, unitamente ad alcuni locali nel medesimo edificio, al Comune di Ivrea, che, in cambio, ha provveduto al restauro della piccola Sinagoga feriale.

La Sinagoga piccola è una sala di modeste dimensioni dove è stato sistemato un *ARÒN*, con decorazioni dorate, che fu abbrunato in occasione della morte di re Carlo Alberto. La Sinagoga maggiore è invece un'ampia sala con volta a botte interamente affrescata, mentre i muri perimetrali sono dipinti in finto marmo. Al di sopra dell'ingresso si riconosce il matroneo. Sulla parete opposta alla zona d'accesso è posto l'*ARÒN*, con antine in legno scorrevoli, che chiudono il vano interno, dove venivano conservati i Rotoli della Legge. Ai lati dell'*ARÒN* due finestre provvedono all'illuminazione, unitamente a una lunetta con vetri policromi posta sopra di esso. Innanzi all'*ARÒN*, che è incorniciato da colonne con capitelli ionici, si

The two Synagogues of Ivrea are situated in the heart of the old Ghetto, which was constituted in 1725 in via Quattro Martiri. It was here that the Jewish population, coming from other residential areas, first concentrated in Borghetto and then in what is now called via Napoleone, but at the time was known as 'Contrada degli Ebrei'.

The history of the Jews of Ivrea was marked by sporadic episodes of hatred by the population of the surrounding countryside. These episodes often culminated in open violence towards the Jews; for example, in 1443 a mass revolt seriously endangered the Jewish community.

From 1822 the Ivrea Jewish community grew parallel to the industrial development of the city.

A new synagogue was built to replace the existing one that had been located on the fourth floor of an old building and was deemed "small and inadequate".

The new Synagogue was inaugurated in 1863, like many Piedmontese synagogues as a celebration of the Emancipation. However, within a few years the Jewish population had decreased so much that the larger synagogue was never used as it had been intended.

This explains why there are two synagogues in Ivrea.

The first, smaller, is used by the Jews in Ivrea and represents a section of Torino's Jewish Community.

The second, larger one has recently been restored and is now open to the public for cultural events. About twenty years ago the Synagogue was, in fact, ceded to the City of Ivrea, together with other spaces of the same building. After that the city then began the restoration of the small daily Synagogue.

The small Synagogue is a modest hall with a golden *ARÓN* that was draped in black on the occasion of King Carlo Alberto's death.

The larger Synagogue is covered by a single frescoed barrel vault and the walls are decorated by faux marble. Above the entrance is the women's gallery.

On the opposite side to the atrium is the *ARÓN* with sliding wooden doors. This cabinet once housed the Sacred Scrolls, the *TORAH*.

The *ARÓN* is surmounted by a polychromatic glass lunette and is flanked by two large windows that illuminate the hall. In front of the *ARÓN*, which is framed by columns with Ionic capitals, is the circular, dark walnut *TEVAH*.

88.

89.

90.

91.

בֹּאוּ נִשְׁתַּחֲוֶה וְנִכְרָעָה נִבְרְכָה לִפְנֵי ה' עֹשֵׂנוּ

92.

93.

88. L'edificio che ospita la Sinagoga su via Quattro Martiri nel vecchio Ghetto / The building which houses the Synagogue in via Quattro Martiri in the old Ghetto.

89. Vista esterna del retro della Sinagoga d'Ivrea nel vecchio Ghetto / External view of the back of the Synagogue.

90. Scala di accesso alla Sinagoga maggiore in un'immagine precedente i restauri / The staircase to the greater Synagogue in an image before restoration.

91. L'*ARÒN* abbrunato della Sinagoga piccola / The darkened *ARÓN HA KÒDESH* of the small Synagogue.

92. L'accesso alla rampa di scale dal piano terra / Access to the stairs from the ground floor.

93. Particolare della volta della Sala di preghiera / Detail of the decorated vault of the Prayer hall.

trova la TEVÀ, di forma circolare, in legno di noce scuro. A lato della sala vi è un pulpito in legno, prodotto della contaminazione con la tradizione cristiana, al pari della cantoria, raggiungibile da due scale laterali.

L'intervento di restauro è stato realizzato tra il 1997 e il 1999 su progetto degli architetti Riccardo Petitti e Giorgio Rossi.

On the side of the hall is a wooden pulpit, a result of Christian influence, as was the choir stall accessible from a lateral staircase. The architects Riccardo Petitti and Giorgio Rossi were responsible for the Synagogue's restoration, which began in 1997 and concluded in 1999.

94. Sala maggiore dopo i lavori di restauro / The larger hall after restoration.

94.

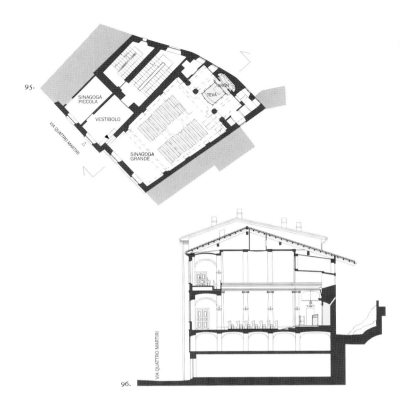

95.

96.

0 1 2 4 ▲ Nord

1:400

97.

98.

95. Pianta al primo piano con le due sinagoghe / First-floor plan with the two Synagogues.

96. Sezione longitudinale / Longitudinal section.

97. Prospetto su via Quattro Martiri / The facade on via Quattro Martiri.

98. Foto aerea / Aerial photograph.

99.

Sinagoga
di Biella
vicolo del Bellone 3

La Sinagoga di Biella, a pianta rettangolare,
è situata all'ultimo piano di un edificio
del quartiere Piazzo, nell'area dell'antico
insediamento ebraico. La Sala di preghiera,
ampliata nel 1893, ha una disposizione
particolare poiché i banchi sono rivolti verso
l'*ARòN*, collocato sulla parete perimetrale a est,
mentre la *TEVÀ* è al centro della sala.

In Biella the Synagogue is located
on the top floor of a building in the Piazzo
neighborhood within the ancient Jewish
settlement. The rectangular plan of the prayer
hall, enlarged in 1893, has an unusual
arrangement with the benches facing
the *ARóN* on the eastern wall,
whereas the *TEVAH* is in the center of the hall.

Il grande edificio dove risiedevano gli Ebrei, strettamente incuneato nel tessuto urbano, all'incrocio fra corso del Piazzo e vicolo del Bellone, ha conservato parte del suo aspetto originale. Oggi le case che componevano l'antico insediamento sono state per la maggioranza vendute e trasformate; solo la Sinagoga rimane a testimoniare la presenza ebraica nella città. Come nella maggior parte delle sinagoghe piemontesi precedenti all'Emancipazione, l'edificio non manifesta all'esterno caratteri di pregio particolare o riferimenti simbolici che ne rivelino la destinazione, mimetizzandosi con il tessuto urbano circostante. All'ultimo piano, al di sopra di ogni altro ambiente destinato alle attività quotidiane, è conservata la Sinagoga, con ingresso oggi da vicolo del Bellone, mentre in origine era possibile raggiungere direttamente la Sala di preghiera senza uscire in strada.

La presenza ebraica a Biella pare risalire alla seconda metà del Trecento, e dalla fine del Cinquecento è documentato un nucleo ebraico residente al Piazzo, la parte più alta della città. La Comunità, che esiste tuttora ed è aggregata a quella vercellese, è sempre stata ben integrata nella realtà cittadina. Nel 1761 risultava composta da ventisei persone e nel corso del secolo successivo, in concomitanza con la grande espansione industriale biellese, soprattutto nel ramo tessile, si è molto accresciuta, per poi diminuire nel corso del Novecento.

Dal piccolo androne, percorso un corridoio e salita una scala di pietra, si accede a un semplice vestibolo aperto e da qui alla Sala di preghiera, rettangolare e voltata. La parete opposta a quella d'ingresso guarda a oriente; qui, incorniciato dalle finestre ad arco e da un rosone superiore, vi è l'*ARÒN HA QÒDESH*, di fattura settecentesca, in legno scolpito e dipinto. Esso è ornato da colonne tortili e da un coronamento che sostiene le Tavole della Legge. L'*ARÒN* poggia su un basamento di marmo bianco, probabilmente più recente, con balaustre e candelieri. La parte restante degli arredi, sobria ed essenziale, denuncia con evidenza le trasformazioni che la Sinagoga ha subito a partire dalla metà dell'Ottocento: la *TEVÀ*, in legno con balaustrini in rilievo, occupa il centro della sala, mentre i semplici banchi, anch'essi in legno, si dispongono intorno, rivolgendosi all'*ARÒN*.

Il fitto intreccio dei corpi di fabbrica tra i quali si insinua la Sinagoga limita il numero e le dimensioni delle finestre, e le cortine rosse che velano le aperture filtrano ulteriormente la luce all'interno, in contrasto con l'abbondante illuminazione natura-

The large building where the Jews lived, well inserted into the urban structure, located at the crossing of corso del Piazzo and vicolo del Bellone, has maintained part of its original appearance. Today most of the houses that were once part of the ancient settlement have been sold and transformed; only the Synagogue remains as proof of the Jewish presence in the city. As in most of the Piedmontese synagogues dating from before the Emancipation, the building does not reveal its function from the outside and is devoid of any decorations or symbolic references; it is mimetic with the surrounding urban structure. On the top floor, intentionally located above spaces dedicated to daily activities, the Synagogue is conserved. The entrance is currently from vicolo del Bellone, while it was originally possible to access the Prayer hall without exiting onto the public street.

The Jewish presence in Biella seems to have started as early as the second half of the fourteenth century and documentation exists that suggests that from the end of the sixteenth century the Jewish population resided primarily in the higher part of Biella known as Piazzo. The Jewish Community of Biella still exists and is an aggregate of the Community of Vercelli. It has always been well integrated with the rest of the population. In 1761 there were twenty-six documented members of the community; during the following century, parallel to Biella's expansion particularly in the textiles industry, the Jewish community experienced substantial growth. In the past century however the Jewish population in Biella has consistently declined.

From the small atrium, down a hallway and up a stone staircase, one accesses a simple, open entryway and from here the rectangular, vaulted Prayer hall. The eastern wall is opposite the entryway; here, framed by the arched windows and an upper rose window, there is the eighteenth-century painted and sculpted wooden *ARÓN HA KÒDESH*. It is decorate with twisted columns and a cornice that is surmounted by the Tablets of the Ten Commandments. The *ARÓN* has a white marble base, probably more recent, with banisters and candlesticks. The rest of the furniture, sober and essential, clearly reveals the transformations that have occurred beginning from the nineteenth century: the wooden *TEVAH* with small relief banisters occupies the center of the hall, while the benches, also in wood, are distributed around it facing the *ARÓN*.

The many buildings that surround the Synagogue limit the number and size of the windows. The red curtains that cover

102.

103.

100. L'edificio che ospita
la Sinagoga in vicolo
del Bellone, Biella Piazzo /
The building that houses
the Synagogue in vicolo
del Bellone, Biella Piazzo.

101. Ingresso alla Sala di
preghiera e scala in legno
d'accesso al piano del
matroneo / Entrance to the
Prayer hall and wooden
stairway to the women's
gallery.

102. Vestibolo d'ingresso /
Entrance vestibule.

103. L'*ARÒN* con le antine
ricoperte da un prezioso
PAROCHET / The *ARÓN*
covered by a finely decorated
PAROCHET.

104. Vista d'insieme
della Sala di preghiera /
Overall view
of the Prayer hall.

100.

101.

104.

le che caratterizza abitualmente gli ambienti sinagogali. Le superfici interne della sala sono interamente decorate in chiaroscuro, con motivi architettonici scanditi sul ritmo delle finestre: dalla conformazione stilistica e dalle tecniche pittoriche è però evidente la presenza di un impianto decorativo più antico, emerso con chiarezza nei saggi stratigrafici realizzati di recente. Dalla volta pendono i lampadari in legno scolpito e dorato, verosimilmente conservati dal più antico allestimento della sala. Il pavimento in mosaico alla veneziana, anomalo rispetto alle altre sinagoghe piemontesi, reca in corrispondenza della soglia di ingresso la data «1893», che presumibilmente corrisponde alla conclusione dei lavori ottocenteschi di rifacimento.

Dal vestibolo una scala in legno conduce al soppalco, anch'esso in legno, destinato al matroneo. Questo è separato dalla Sala di preghiera da una cortina lignea aperta in tre archi.

Il matroneo risulta essere la modifica più consistente nell'assetto funzionale e formale della Sinagoga, prodotto della riplasmazione ottocentesca.

La piccola Sinagoga, ora in fase di restauro, appare come uno spazio semplice e raccolto, privo di decorazioni sfarzose, ma intriso della severa dignità di una Comunità ridotta eppure solida e attiva. Il suo aspetto costituisce un esempio significativo e affascinante del sovrapporsi e mescolarsi di forme, arredi, linguaggi decorativi, portati dal modificarsi degli eventi e dei climi culturali. Carattere questo che nelle sinagoghe assume particolare valore, perché mette in luce come il trascorrere della storia abbia interagito profondamente con la condizione ebraica: l'aspetto fisico della Sinagoga, in questo come nella maggior parte degli altri casi omogenei per collocazione storica e geografica, è fortemente condizionato dalle necessità e dai limiti imposti dal contesto fisico e sociale. Allo stesso modo il livello d'integrazione culturale con il mondo circostante ha influenzato l'organizzazione liturgica, il linguaggio espressivo e le tecniche costruttive.

Il restauro, ora in corso, è realizzato su progetto degli architetti Franco Lattes e Paola Valentini.

the openings also filter the light inside, in contrast with the rich illumination that usually characterizes synagogues. The internal surfaces of the hall are entirely decorated in chiaroscuro, with architectural motives delimitated by the windows. The recent analysis of the decorative layers unquestionably reveals the stylistic imprint and the painting techniques of an older decorative structure.

Hanging from the vault are golden wooden sculpted chandeliers, probably conserved from the oldest hall arrangement. The floors are in a Venetian mosaic that differs from most Piedmontese synagogues. "1893" is inscribed on the threshold of the Prayer hall, presumably indicating the completion of the nineteenth-century renovation.

From the vestibule a wooden stair leads to the women's gallery, also in wood. This is separated from the Prayer hall by three arches and closed by wooden screens. The women's gallery shows the most radical transformation in the function and formal arrangement of the Synagogue; it is a product of the nineteenth-century renovation.

The diminutive Synagogue, now being restored, is a simple, welcoming space devoid of opulent decorations; however, it is imbued with the severe dignity of a small though solid and active Jewish Community.

Its final form represents an important and fascinating example of the overlapping and union of shapes, furnishings, and decorative languages that were transformed by a sequence of events and a changing cultural climate. This is a recurrent theme in synagogues and it underlines how history has profoundly influenced the Jewish condition: the Synagogue's external appearance, as in most synagogues that were built in the same historical and geographical context, was profoundly conditioned by the needs and limits imposed by the physical and social location. Similarly, the level of cultural integration with the surrounding world has influenced the religious organization, the expressive language, and the construction techniques.

The architects Franco Lattes and Paola Valentini were responsible for the current restoration.

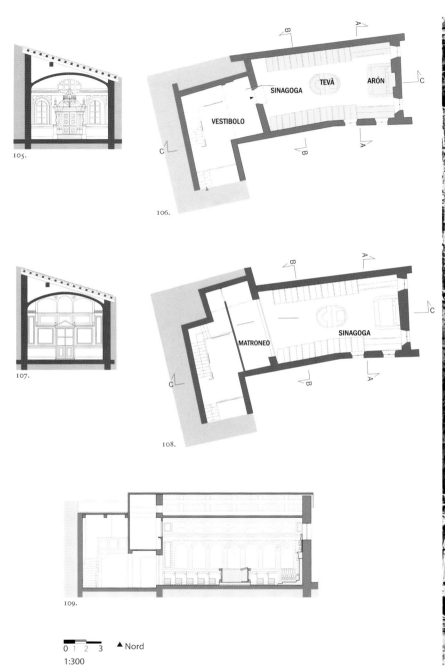

105.

106.

107.

108.

109.

SINAGOGA

TEVÀ

ARÓN

VESTIBOLO

MATRONEO

SINAGOGA

0 1 2 3

▲ Nord

1:300

110.

105. Sezione trasversale
A A: vista dell'*ARÒN* /
Transverse section AA:
view of the *ARÓN*.

106. Pianta al piano della
sala / Plan at the hall level.

107. Sezione trasversale
BB: porta d'ingresso
e matroneo / Transverse
section BB: entrance door
to the women's gallery.

108. Pianta al piano del
matroneo / Plan at the
women's gallery level.

109. Sezione
longitudinale CC:
ingresso, matroneo, sala /
Longitudinal section
CC: entryway, women's
gallery, hall.

110. Foto aerea / Aerial
photograph.

97

III.

Sinagoga di Cuneo

via Mondovì 18

La Sinagoga di Cuneo, nella sua forma attuale, risale al periodo successivo all'Emancipazione degli Ebrei. La facciata dell'edificio, incastonata nel tessuto dell'antico Ghetto, segnala la presenza dell'insediamento ebraico. Nella Sala di preghiera, di forma rettangolare, i banchi sono allineati in due file e rivolti verso l'*Aròn ha Qòdesh* e la *Tevà*, collocati a sud, sulla parete opposta all'ingresso.

The Synagogue of Cuneo, as it appears today, dates from after the Jewish Emancipation. The building's facade is woven into the fabric of the ancient Ghetto, and reveals the Jewish presence. In the rectangular Prayer hall the two lines of benches face the *Arón ha Kòdesh* and the *Tevah* is located to the south opposite the entryway.

Il Ghetto di Cuneo, istituito, come negli altri centri piemontesi, nel corso del Settecento, si trovava tra le vie Mondovì e Chiusa Pesio. Proprio in quest'area cittadina si era stabilito da secoli un gruppo di Ebrei: la zona, per la sua ridotta dimensione e l'esiguità del numero di abitanti, fu denominata, a partire dal XV secolo, *angulo*.

All'inizio del Quattrocento si registrava a Cuneo l'arrivo di alcuni Ebrei dalla Provenza. Il piccolo gruppo si era allargato quando, circa un secolo dopo, giungevano in città i *Juifs du Pape*, cioè i discendenti degli Ebrei banchieri provenienti da Avignone che il papa aveva portato con sé durante la «cattività». Gli Ebrei avevano buoni rapporti con la cittadinanza, testimoniati dall'impresa di Abramo Lattes, che nel 1641 salvava le sorti della città cinta d'assedio. Com'è accaduto in altri centri del Piemonte, a partire dai primi decenni del XX secolo la presenza ebraica nella città si è notevolmente ridotta, e oggi vive stabilmente a Cuneo solo un piccolo nucleo di Ebrei che continua a frequentare i locali della Sinagoga.

L'edificio, inaugurato nel 1885, si presenta con una facciata incorniciata da due lesene, sulle quali poggia l'aggetto della trabeazione, che separa i primi due piani dal terzo, leggermente rientrante e cinto superiormente da un cornicione curvilineo. Lungo il fregio della trabeazione si può leggere in caratteri ebraici: «Mi farete un santuario, e abiterò in mezzo a voi» (*Es.* 25, 8). I primi due ordini di aperture si allineano su due assi verticali: due porte di legno al piano terra (una conduce alla sala del Consiglio, l'altra permette l'ingresso alla Sinagoga), e due finestroni al primo piano che riprendono la decorazione delle porte. Al terzo piano si affacciano invece le tre finestre del matroneo. Dopo aver salito una rampa di scale, ci si imbatte in un'aula scolastica e, proseguendo al piano superiore, si raggiunge la Sala di preghiera. Su ciascuna parete laterale, due finestre forniscono l'illuminazione. Un sottile cornicione delimita il soffitto, leggermente incurvato a padiglione, con decorazione a *trompe l'oeil* che disegna una cupola priva di tamburo. La *TEVÀ*, circondata da una balaustra in legno sagomato, si trova davanti all'*ARÒN*. Le preziose ante in legno scolpito sono dipinte in oro e raffigurano nella parte superiore una grande *MENORÀ* e in quella inferiore gli strumenti sacrificali. Dalla parte opposta della sala si affaccia il matroneo. A sinistra dell'armadio fa bella mostra di sé il proiettile austriaco inesploso che colpì la Sinago-

The Ghetto in Cuneo, as in all the other towns in Piedmont, was founded during the eighteenth century. It is located between via Mondovì and via Chiusa Pesio and it was in this area that many centuries before a group of Jews had already settled: because of its reduced dimensions and small population, it was called, starting from the fifteenth century, *angulo* (corner). At the beginning of the fifteenth century Jews had arrived from Provence. The small population expanded, about a hundred years later, when the *Juifs du Pape*, the descendents of the Jewish bankers who came from Avignon and who the Pope had brought with him during his 'captivity', arrived in Cuneo. The Jews had a peaceful relationship with the local population, testified to by Abramo Lattes' attempt to save the city in 1641 from external assault. Like other Piedmontese centers, from the first decades of the twentieth century, the Jewish presence noticeably decreased to the small group that now lives there and continues to attend the Synagogue.

The building, inaugurated in 1885, has a facade framed by two pilasters supporting a protruding trabeation that separates the first two floors from the third. This floor is slightly recessed and mounted by a curved cornice. Along the freeze of the entablature one can read in Hebrew characters: "And let them make me a sanctuary; that I may dwell among them" (Exodus 25:8). The first two orders of openings are aligned on two vertical axes: two wooden doors on the ground floor (one leads to the Council hall, the other allows entrance to the Synagogue) and two large windows on the first floor that echo the decorations of the doors. On the third floor the three windows to the women's gallery open towards the Prayer hall. After a ramp of stairs one finds a classroom and proceeding to the next floor one reaches the Prayer hall. On each side wall two windows illuminate the space. A thin cornice delimits a slightly vaulted ceiling decorated with a *trompe l'œil* cupola without a drum.

The *TEVAH*, surrounded by a sculpted wooden banister is located in front of the *ARÓN*. The rich gold painted wooden doors are decorated by representations, on the upper level, of a large *MENORAH*, and in the lower area, the sacrificial instruments. The women's gallery opens upon the opposite side. To the left of the *ARÓN* one can still see the unexploded Austrian cannonball that hit the Synagogue, during prayer, without causing any wounds or fatalities, on November 8, 1799.

112.

113.

114.

115.

116.

112. La facciata
della Sinagoga,
su via Mondovì /
The Synagogue facade
on via Mondovì.

113. Entrata alla Sala
di preghiera / Entrance
to the Prayer hall.

114. Situazione
precedente il restauro:
l'auletta scolastica /
Before restoration:
the small classroom.

115. *TEVÀ* e *ARÒN*
collocati lungo
la parete di fondo /
TEVAH and *ARÓN*
located along
the back wall.

116. La Sala di preghiera
e il *trompe l'œil* del soffitto
/ The Prayer hall and
the *trompe l'œil* ceiling.

ga l'8 novembre 1799, durante la preghiera, senza causare danno alcuno ai fedeli.

L'eleganza della facciata che guarda la pubblica via e la disposizione interna degli arredi della Sala di preghiera sono indizi chiari del nuovo clima instauratosi nella Comunità cuneese, come nelle altre piemontesi, a seguito dell'Emancipazione.

Gli interventi di restauro hanno privilegiato la conservazione dell'esistente e la reintegrazione dei manufatti originali, per restituire pienamente la Sala di preghiera alla sua configurazione. Il restauro della sala e della facciata, seguito prima dall'architetto Mariano Boggia, poi dall'architetto Laura Menardi, è terminato e ora restano da sistemare i locali adiacenti alla sala.

The elegance of the facade towards the public street and the internal furniture arrangement of the Prayer hall are characteristic of post-Emancipation synagogues of Piedmont.

The restoration privileged the conservation of the existing and the reintegration of the original elements in order to truly restore the Prayer hall to its original form. The restoration of the Prayer hall and of the facade was directed initially by the architect Mariano Boggia, and subsequently by the architect Laura Menardi, and is now complete. There are still spaces adjacent to the Prayer hall that are in need of restoration.

117. Il matroneo sovrasta la porta d'ingresso, posta sulla sinistra / The women's gallery is located over the entrance door on the left.

117.

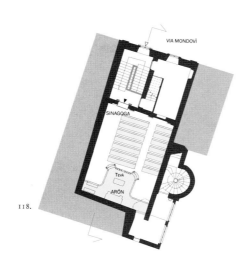

118.

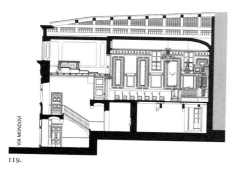

119.

120.

0 1 2 4 ▲ Nord
1:400

121.

118. Pianta al piano della Sala di preghiera / Plan at the level of the Prayer hall.

119. Sezione longitudinale / Longitudinal section.

120. Prospetto su via Mondovì / Facade on via Mondovì.

121. Foto aerea / Aerial photograph.

103

122.

Sinagoga di Asti

via Ottolenghi 8

La Sinagoga di Asti si affaccia sulla via che cingeva a ovest l'antico Ghetto. L'edificio è stato riplasmato e ingrandito in epoche successive, e oggi appare come un'ampia sala quadrangolare, cui si accede da una corte recintata, aperta sulla strada. I banchi sono disposti in due settori, rivolti verso la *TEVÀ* e l'*ARÒN*, e lungo il perimetro della sala.

On the west side of the street that surrounded the ancient Ghetto one finds the Synagogue of Asti. It has been modified and enlarged over time and now appears as a large quadrangular hall accessible through a gated courtyard that opens towards the street. The benches are divided in two sections facing the *TEVAH* and the *ARÓN* and located along the perimeter of the Prayer hall.

105

La Sinagoga sorge nell'area occupata dal 1723 al 1848 dal Ghetto, tra l'antica «Contrada degli Ebrei», oggi via Aliberti, e l'antica «Contrada di San Bernardino», oggi via Ottolenghi, all'interno del tessuto urbano medievale della città.

Ad Asti la presenza ebraica è antica e radicata; solo dal XIV secolo è tuttavia documentata l'esistenza di una significativa comunità, composta da famiglie di Ebrei in fuga da Francia, Germania e, successivamente, Spagna. La varietà di tradizioni, generata dalle molteplici ondate migratorie, ha costituito la particolarità delle comunità ebraiche di questa zona, che hanno pregato secondo un rituale costituito da una commissione tra il rito francese antico e il rito tedesco. Il rito *APPAM* prende il nome dalle iniziali ebraiche dei tre luoghi dove veniva professato: Asti, Fossano e Moncalvo. La Comunità di Asti vanta nomi illustri, che dopo l'Emancipazione giunsero a ricoprire importanti incarichi pubblici; tuttavia, nel corso del XIX secolo essa è divenuta sempre più piccola, sino a confluire prima nella Comunità di Alessandria e poi in quella di Torino. Durante il secondo conflitto mondiale, trenta Ebrei deportati nei campi di concentramento non hanno più fatto ritorno.

La Sinagoga, nella sua attuale configurazione, è stata realizzata rielaborando l'edificio esistente, che nel corso della sua storia aveva già subito profonde modificazioni. La Sala di preghiera alla fine del XVII secolo aveva forma rettangolare con la *TEVÀ* spostata sul lato est dell'edificio, vicino all'*ARÒN*. Nel 1838, su progetto di Carlo Boassi, la sala fu ricostruita con una superficie due volte maggiore di quella precedente. L'*ARÒN*, di pregevole fattura, realizzato in epoca napoleonica, fu conservato e la *TEVÀ* fu posta al centro della sala, delimitata da quattro colonne e illuminata da una lanterna centrale.

Dopo l'Emancipazione, nonostante la comunità avesse iniziato a decrescere, la volontà di affermare anche attraverso l'architettura la nuova condizione di libertà portò a intraprendere un'ulteriore risistemazione dell'edificio. Con la demolizione delle case lungo il fronte della strada, fu aperta la corte, delimitata da una cancellata, e fu costruita la facciata con un ampio portale di ingresso incorniciato da quattro colonne. Il matroneo fu spostato lungo la parete a destra dell'ingresso e ingrandito; sulla parete di fronte a esso furono realizzate delle grandi finestre. La *TEVÀ*, in noce intagliato, circondata da una balaustra di marmo colorato, fu spostata dal centro della sala al fondo, da-

The Synagogue is found in the medieval part of the city where the Ghetto was formed between 1723 and 1848, between the ancient 'Contrada degli Ebrei', now via Aliberti, and the ancient 'Contrada di San Bernardino', now via Ottolenghi.

The Jewish presence in Asti is ancient and rooted; however, the existence of a significant community has been documented only since the fourteenth century. The community members were families escaping from France and Germany and subsequently from Spain. The variety of traditions, generated by the numerous immigrations, has characterized the Jewish communities of this area that prayed according to a ritual that is a mixture of the ancient French one and the German one. The *APPAM* ritual gets its name from the Hebrew initials of the three towns where it was professed: Asti, Fossano, and Moncalvo. The Community of Asti boasts illustrious names that after the Emancipation held important public positions; however, during the nineteenth century it became smaller until it merged with the Alessandria Community and then with Torino. During World War II, thirty Jews who were deported to the concentration camps did not return.

The Synagogue, in its present form, was restored by re-elaborating the existing building, which over time had already been modified several times. At the end of the seventeenth century the Prayer hall had a rectangular plan with the *TEVAH* located against the eastern wall next to the *ARÓN*. In 1838 the architect Carlo Boassi enlarged the hall to twice its original size. The precious *ARÓN* that was built during the Napoleonic period was maintained and the *TEVAH* was moved to the center of the hall surrounded by four columns and illuminated by a central lantern.

After the Emancipation, despite the beginning of the community's decline, the will to affirm, also through architecture, the new condition of liberty, brought a second transformation of the building.

After the demolition of the houses along the front street the court surrounded by a gate was opened and the facade was built with a large entrance door framed by four columns. The women's gallery was enlarged and moved along the wall to the right of the entryway; in front of the gallery, large windows were opened. The *TEVAH*, in inlaid walnut, surrounded by a colored mar-

123.

124.

125.

126.

123. Vista della corte
e della facciata su via
Ottolenghi / View of the
courtyard and of the facade
on via Ottolenghi.

124. Particolare del soffitto
voltato e della lanterna
centrale / Detail of the
vaulted ceiling and of the
central lantern.

125. La *TEVÀ* innanzi
all'*ARÒN* dorato del 1809 /
The *TEVAH* in front
of the 1809 golden
ARÓN HA KÒDESH.

126. Il coro sovrastante
la porta d'ingresso della sala
/ The choir above the
entrance door to the hall.

vanti all'ARÒN; la lanterna centrale fu abbattuta e al di sopra dell'ingresso trovò posto il coro con l'armonium. I banchi furono disposti in file parallele, rivolti verso la TEVÀ e l'ARÒN.

Dal 1984 nei locali attigui alla Sala di preghiera un piccolo ma importante museo raccoglie oggetti rituali, paramenti, manoscritti, testi ebraici e la documentazione della Comunità di Asti e dell'Istituto Clava.

Lo spazio della sala è prodotto da geometrie complesse, che si compongono in modo rigoroso e solenne, adattando il linguaggio di ispirazione classica alla tradizione ebraica. Il restauro dell'edificio tende alla ricostituzione della piena integrità della sala nel suo aspetto complessivo, rendendo leggibili le soluzioni spaziali e decorative che documentano il succedersi delle vicende della storia ebraica astigiana.

L'intervento di restauro è oggi in corso, su progetto dell'architetto Andrea Milanese.

ble banister was moved from the center to the back of the hall in front of the ARÓN. The central lantern was removed and a choir with a harmonium was located over the entrance. The benches were placed in parallel rows facing the TEVAH and the ARÓN. Since 1984 a small yet important museum, has been located in the adjacent spaces of the synagogue. The museum hosts ritual objects, hangings, manuscripts, Hebrew texts, and the documentation of the Asti Community and the Clava Institute.

The space is built up of complex geometries that are composed in a rigorous and solemn manner adapting the language of classical inspiration to the Jewish tradition. The restoration of the building, now in progress, aims to reconstruct the full integrity of the hall in its general appearance, underlining the space and decorative solutions that document the Jewish historical events in Asti. The restoration in progress is directed by the architect Andrea Milanese.

127. Vista d'insieme della Sala di preghiera / Overview of the Prayer hall.

127.

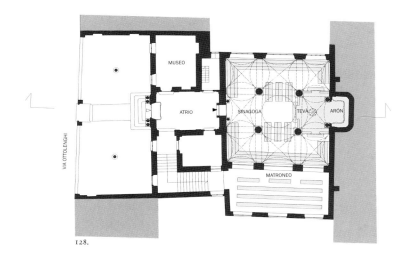

128.

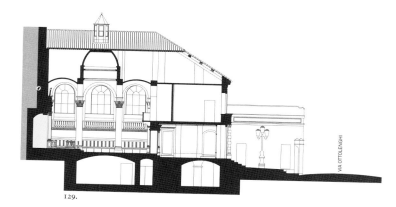

129.

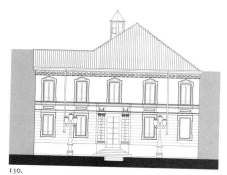

130.

0 1 2   4   ▲ Nord
1:400

131.

128. Pianta della Sala di preghiera e del matroneo / Plan of the Prayer hall and the women's gallery.

129. Sezione longitudinale: *ARÒN e coro* / Longitudinal section: *ARÒN HA KÒDESH* and choir.

130. Prospetto su via Ottolenghi / The facade on via Ottolenghi.

131. Foto aerea / Aerial photograph.

132.

Sinagoga di Alessandria

via Milano 7

La Sinagoga è situata nell'area dell'antico Ghetto, tra via Milano e via Migliara, nel centro storico medievale di Alessandria; è stata realizzata dopo l'Emancipazione, tra il 1867 e il 1871. Nella grande sala, di forma trapezoidale, i banchi sono allineati su due file, rivolti verso la *TEVÀ* e l'*ARÒN HA QÒDESH*. Questi sono collocati l'una dinnanzi all'altro, in posizione contigua e rialzata sulla parete a meridione.

The Synagogue is located in the old Ghetto between via Milano and via Migliara, in the historic medieval center of Alessandria. It was built after the Emancipation, between 1867 and 1871. In the large trapezoidal hall the benches, in two rows, face the *TEVAH* and the *ARÓN* that are located one directly in front of the other, elevated on a single platform and placed along the southern wall.

Il Ghetto di Alessandria, che fu costituito definitivamente nel 1724 sotto i Savoia, sorge nella zona ove già nei secoli precedenti si erano concentrate le attività degli Ebrei, cioè lungo via Milano - detta anticamente per l'appunto «Contrada degli Ebrei» - e l'attuale via Migliara.

L'appartenenza della città, sino al 1707, al Ducato lombardo ha distinto in parte la storia della numerosa comunità ebraica alessandrina da quella della maggior parte delle comunità piemontesi.

L'arrivo dei Savoia determinò un parziale inasprimento delle condizioni degli Ebrei, culminato con l'istituzione del Ghetto. Con l'avvento dell'Emancipazione si realizzò la nuova, ampia Sala di preghiera, in sostituzione di una precedente, più modesta e non più adatta alle esigenze della comunità locale.

La configurazione attuale è il risultato della ristrutturazione di un edificio preesistente, già in parte destinato al culto ebraico. La documentazione d'archivio, che risale al 1780, infatti mostra come all'interno della struttura architettonica convivessero destinazioni d'uso molto diverse: il piano terreno ospitava alcune botteghe e magazzini, sistemati intorno a un cortile con un pozzo; il primo piano era dedicato ad abitazioni in affitto, mentre il terzo era in buona parte occupato dalla Sala di preghiera. L'accesso avveniva tramite uno scalone che corrisponde all'attuale, mentre diversa era l'organizzazione della sala, con l'ARÒN posto a est. L'eleganza dell'edificio è testimoniata anzitutto dalla ricca facciata che guarda via Milano, sulla quale si aprono tre ordini di grandi finestre ad arco. Attraverso un portone si accede all'interno: uno spazio ornato da semicolonne binate e decorato con cornici e stucchi introduce alla piccola Sala di preghiera, riservata al culto feriale, che è oggi la sola utilizzata, sia pure in occasioni particolari. Salendo la scala si raggiunge il vestibolo e quindi la sala principale, imponente e sfarzosa. Le pareti laterali sono illuminate da ampie finestre con vetri colorati. Nella zona d'ingresso un esile loggiato su due livelli ospita il matroneo. Sulla parete opposta un altro loggiato fa da cornice all'ARÒN HA QÒDESH, incastonato in una grande nicchia e sovrastato da ricercati stucchi e dalle Tavole della Legge. Davanti all'ARÒN, nella tipica disposizione delle sinagoghe successive all'Emancipazione, trova sede la TEVÀ, circondata da un'elegante balaustra di legno, che la separa dal resto della sala. Candelieri e lampadari provvedono all'illumina-

The Ghetto of Alessandria, instituted by the Savoy dynasty in 1724, is located in the area where Jews had lived for centuries, along via Milano - once called, indeed, 'Contrada degli Ebrei' - and the present-day via Migliara.

Alessandria was part of the Lombard Duchy until 1707 and this partially distinguished its large Jewish community's history from those of most of the other Piedmontese communities. The arrival of the Savoy dynasty worsened the Jews' conditions, and culminated with the Ghetto's foundation. After the Emancipation a new, large, Prayer hall was built, replacing the more modest and no longer adequate one.

Its current form is the result of the reuse of a preexisting building already partially utilized for the Jewish cult. Archival documentation from 1780 demonstrates a multiple use of the architectural structure: the ground floor hosted stores and workshops located around a courtyard with a well; the first floor was dedicated to rental apartments; while the third floor was mainly occupied by the Prayer hall.

The Synagogue was accessed by a staircase that corresponds to the current one; instead, the hall's arrangement differed in that the ARÓN was located to the east.

The elegance of the building is particularly evident in the rich facade of via Milano, with its large arched windows on three classic orders n. Through large doors one enters the interior: a space decorated with pairs of half-columns with cornices and decorative stucco reliefs introduces a small daily Prayer hall; today it is the only hall used, aside from special occasions.

Up the stairway one arrives at a vestibule and then the main hall, imposing and theatrical. Large stained-glass windows illuminate the side walls. By the entry is a delicate loggia on two levels that houses the women's gallery. On the opposite wall is another loggia, which frames the ARÓN HA KÒDESH embedded in a large niche and surmounted by elaborate stucco and the Tablets of The Law. In front of the ARÓN, typical of post-Emancipation synagogues, one finds the TEVAH, circled by elegant wooden balustrades that separate it from the rest of the hall. Chandeliers and lamps provide artificial lighting. The ceiling presents a decoration of stucco with a large central rose window. The contrast between the theatricality and the refined decoration of the building and the more 'modest' character of the liturgical furnishings is evident: the original ones, in fact, were ir-

133.

136.

134.

135.

137.

133. Facciata della Sinagoga su via Milano, una delle strade dell'antico Ghetto alessandrino / Facade of the Synagogue on via Milano, one of the streets in Alessandria old Ghetto.

134. La stessa facciata nei colori precedenti il restauro / The same facade in the colors prior to restoration.

135. Sinagoga piccola / The small Synagogue.

136. Vista della Sala di preghiera dal matroneo / View of the Prayer hall from the women's gallery.

137. L'elegante matroneo, ospitato nel loggiato della parete settentrionale / The elegant women's gallery, in the loggia of the northern wall.

zione artificiale dell'ambiente. Il soffitto presenta un decoro a stucco con un grande rosone centrale. Il contrasto tra lo sfarzo e la ricercatezza decorativa dell'edificio e il carattere più «modesto» degli arredi liturgici appare evidente: quelli originali infatti, ormai irrimediabilmente perduti a causa di un'incursione nazista nel 1944, sono stati sostituiti con gli arredi provenienti dallo smantellamento della Sinagoga di Nizza Monferrato. La presenza di un organo a canne e di un coro testimonia la propensione di quel tempo a imitare le forme della tradizione cattolica. Il linguaggio elaborato, che arricchisce l'ampia sala della Sinagoga eretta per celebrare l'avvenuta Emancipazione, rimane a testimonianza della florida attività e della vivace iniziativa che gli Ebrei alessandrini seppero assumere nei confronti della città.

Durante il restauro dell'edificio sono emersi interessanti elementi che consentono di comprendere meglio la sua storia e documentano i diversi interventi realizzati nel corso del tempo. Ad esempio, al di sotto della copertura è stato ritrovato un soffitto ligneo decorato, di fattura settecentesca, che ornava la sala prima della realizzazione della volta attuale. La facciata è stata restaurata, ricostruendo le parti crollate e consolidando la muratura sulla quale è stata stesa infine una nuova decorazione.
L'intervento di restauro, ancora in corso, è realizzato su progetto dell'architetto Andrea Milanese.

reparably damaged during a Nazi invasion of 1944, and were replaced by furnishings from the dismantled Synagogue of Nizza Monferrato.
A pipe organ and a choir reflect the tendency of the time to imitate traditional architectural forms associated with the Catholic church. The elaborate language, which enriches the ample hall of the Synagogue erected to celebrate the Emancipation, remains a testimony of the florid activities and the lively initiatives that the Jews of Alessandria knew how to undertake in relationship to the rest of the city.

During the restoration of the building, interesting elements that allow a clearer interpretation of its history and document the various transformations that occurred during the years were found. For instance, under the roof a decorated wooden ceiling of the eighteenth century was uncovered that had enriched the hall before the construction of the current vaulted ceiling.
The facade has been restored by rebuilding the collapsed parts and consolidating the wall on which new decoration was placed.
The restoration, still in progress, is under the direction of the architect Andrea Milanese.

138. Particolare delle vetrate / Detail of the glass windows.

138.

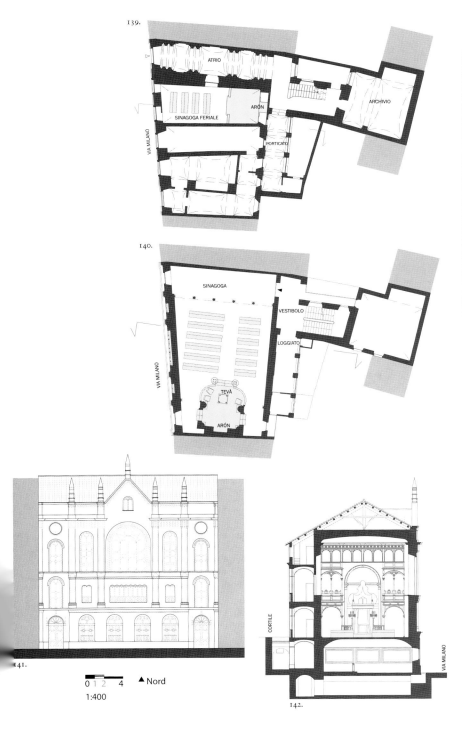

139.

140.

141.

0 1 2 4 ▲ Nord

1:400

142.

143.

139. Pianta piano terreno: Sinagoga feriale / Plan of the ground floor: daily Synagogue.

140. Pianta piano primo: Sinagoga / Plan of the first floor: Synagogue.

141. Prospetto su via Milano / The facade on via Milano.

142. Sezione trasversale: l'*ARÒN* e i due piani del loggiato / Cross section: the *ARÓN* and the two levels of the loggia.

143. Foto aerea / Aerial photograph.

144.

Sinagoga
di Vercelli
via Elia Emanuele Foa 56

La Sinagoga di Vercelli è un edificio di grandi dimensioni, di impianto basilicale, collocato nell'area dell'antico Ghetto. Nella disposizione interna la struttura si distanzia dalla tradizione a favore di uno sviluppo longitudinale, sottolineato dallo schema a tre navate. La *TEVÀ* e l'*ARÒN HA QÒDESH* sono incorporati in un unico elemento.

The Vercelli Synagogue is a large building, on a basilica-shaped plan, located in the ancient Ghetto. Its organization in three naves with a longitudinal emphasis is quite different from the traditional form. The *TEVAH* and the *ARÓN* are incorporated into a single element.

Vercelli ha conosciuto, a partire dalle Regie Costituzioni di Vittorio Amedeo II, due ghetti. Il più antico venne infatti trasferito dalla sua posizione originaria, a seguito delle lamentele dell'autorità ecclesiastica, per la vicinanza al percorso delle processioni. Il nuovo Ghetto fu così istituito intorno a via Foa, negli edifici che circondano la Sinagoga.

Città dall'antica presenza ebraica (prima metà del XV secolo), Vercelli ha saputo mantenere un buon rapporto con la propria comunità Ebraica, sia sotto la dominazione milanese sia sotto quella sabauda. A partire dalla seconda metà dell'Ottocento la Comunità è andata progressivamente assottigliandosi. Oggi comprende anche le circoscrizioni di Biella, Novara e Verbano-Cusio-Ossola.

Il Tempio Israelitico di Vercelli (1874-1878) è un esempio di interessante architettura eclettica, realizzato su progetto di Marco Treves, autore della Sinagoga di Firenze, e portato a compimento da Giuseppe Locarni, progettista ingegnoso di opere di grande interesse tecnico e artistico. La grandiosità dell'edificio assolve la sua funzione sociale di celebrazione dell'avvenuta equiparazione degli Ebrei agli altri cittadini.

La facciata, in arenaria bicroma disposta a fasce orizzontali, è arretrata rispetto alla strada ed è così preceduta da un sagrato chiuso da una cancellata. Ai lati sorgono due edifici di differente fattura raccordati al corpo centrale da elementi decorativi. L'ingresso è sovrastato dalle Tavole della Legge, in pietra, e da un grande rosone. Entrando nel nartece, ai lati si aprono le porte per accedere al matroneo. L'interno della Sinagoga, il cui asse longitudinale si sviluppa in direzione ovest-est, è imponente: le navate laterali sono sovrastate dalle logge del matroneo, affacciate sull'ampia navata centrale. Esse poggiano su colonne cilindriche con capitelli in ghisa di gusto bizantino, da cui partono archi a sesto crescente. Sopra di essi, lungo tutto il cornicione che sorregge il matroneo, si dipana un fregio decorativo con scritte in ebraico. A metà della navata centrale, in corrispondenza di altri due rosoni, si eleva una piccola cupola, con un lucernario decorato. Sul fondo, verso est, la navata è cinta da un'abside a pianta poligonale, suddivisa in due ordini di finestre e con l'apertura del tabernacolo sulla faccia centrale. Innanzi a esso sta la *TEVÀ*, posta su un piano rialzato rispetto al resto dell'ambiente, che forma un corpo unitario con l'*ARÒN*, ricordando il presbiterio di una chiesa. Sulle ante dell'*ARÒN* sono incastona-

Starting from Vittorio Amedeo II's Royal Constitution, Vercelli had two ghettos. The oldest was transferred from its original location due to the church authority's complaints that the Ghetto was too close to the processions. A new Ghetto was created near via Foa, in the buildings surrounding the Synagogue.

Jews have lived in Vercelli since the first half of the fifteenth century. Under both Milanese and Savoy domain the Jewish community lived relatively peacefully. From the second half of the nineteenth century the Community progressively diminished. Today it also incorporates the districts of Biella, Novara, and Verbano-Cusio-Ossola.

The Israelite Temple (1874-1878) is an interesting example of eclectic architecture designed by Marco Treves (who also designed the Firenze Synagogue) and completed by Giuseppe Locarni - a creative designer of projects particularly interesting for their technical and artistic originality. The grandeur of the building absolves its social function of celebrating the Jews' obtainment of equal rights as citizens.

The facade, in alternate horizontal bands of two colored sandstone, is set back from the street and preceded by a courtyard closed by a gate. On the two sides structures of different form are connected to the central body by decorative elements. The entryway is surmounted by the stone Tablets of the Law and by a large rose window.

Entering the narthex, on each side, one accesses the women's gallery. The interior of the Synagogue, with its west east longitudinal axis, is imposing: the lateral aisles are surmounted by the women's gallery loggias that open towards the central nave. The loggias are sustained by cylindrical columns with iron capitals of Byzantine character, from which arches rise. Over the arches, along the moldings that sustain the women's gallery, there is a decorative freeze with Hebrew writings. Halfway through the central nave, aligned with two rose windows, is a small cupola with a decorated lantern. Towards the east, the nave is surrounded by a polygonal apse, divided in two orders of windows with the opening towards the tabernacle on the central face. The *TEVAH* is in front of the tabernacle; it is elevated and forms a single element with the *ARÓN*, similar to a church's altar. Eight chiseled and protruding metal forms are embedded in the doors of the *ARÓN*, which represent the furniture of the

145.

146.

145. L'architettura eclettica della facciata / The eclectic architecture of the facade.

146. Il matroneo, ricavato sui loggiati superiori delle navate laterali / The women's gallery, formed by the upper loggias of the side aisles.

147. Visuale d'insieme dell'impianto su tre navate dell'edificio / Overall view of the three-aisled floor plan.

147.

te otto formelle in metallo sbalzato e cesellato, che raffigurano arredi del Tempio di Gerusalemme. L'illuminazione naturale è ottenuta grazie alle splendide vetrate policrome. Il Tempio di Vercelli vantava uno degli organi più imponenti del tempo, ormai danneggiato.

La Sinagoga di Vercelli fin dal momento della sua edificazione si è rivelata di eccessive dimensioni per una comunità che andava rapidamente decrescendo. Date l'imponenza e le sue elaborate caratteristiche costruttive, il suo restauro comporta costi di realizzazione e di gestione assai onerosi per la piccola Comunità locale. In mancanza di un progetto complessivo che ne definisca una destinazione futura, gli interventi effettuati e in corso sono circoscritti e puntuali. Le coperture sono state restaurate nel 1997, grazie all'intervento diretto del Ministero dei Beni Culturali. Recentemente, inoltre, sono stati terminati i restauri delle vetrate policrome, dei banchi, delle porte e dell'*ARÒN*, risalente al 1878.

Temple of Jerusalem. Natural light filters through beautiful multicolored glass windows. The Temple once had one of the most imposing organs of its time, but it is now damaged.

The Vercelli Synagogue, already at the time of its construction, was excessively large for the community that was in fact in numerical decline. Given its grandeur and elaborate construction, its restoration creates significant economic and organizational problems for the small local Community. In the absence of an overall plan that could define its future purpose, the transformations now in progress are circumscribed and specific. The roof was restored in 1997 directly by the Minister of Cultural Heritage. Recently the restoration of the multicolored glass windows, the benches, the doors, and the 1878 *ARÓN* has been concluded.

148. Vista della *TEVÀ* durante il periodo di abbandono / A view of the abandoned *TEVAH*.

149. Navata laterale / Nave.

148.

149.

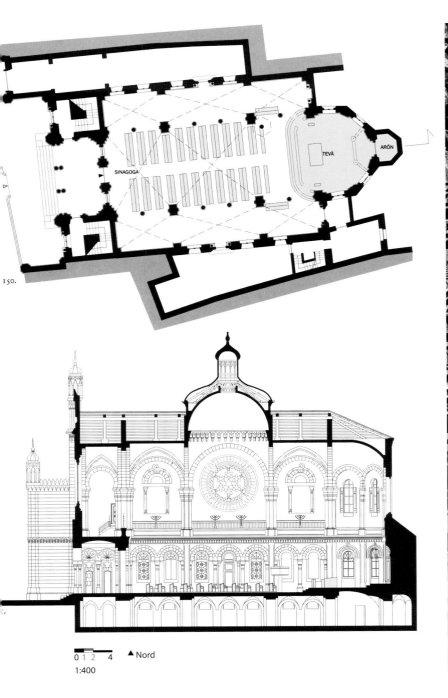

150.

SINAGOGA

TEVÀ

ARÓN

0 1 2 4 ▲ Nord
1:400

152.

150. Pianta del Tempio /
Plan of the Temple.

151. Sezione longitudinale /
Longitudinal section.

152. Foto aerea / Aerial
photograph.

121

153. Tempio israelitico di Torino / Israelitic Temple of Torino.

Dopo l'Emancipazione: l'insediamento ebraico e il «Tempio Israelitico» di Torino

After the Emancipation: the Jewish Settlement and the "Israelitic Temple" of Torino

A Torino, sin dall'inizio del Quattrocento si ha notizia dei primi Ebrei che ottennero il permesso di stabilirvisi. Il Ghetto tuttavia viene istituito ben più tardi, nel 1679, quando a Venezia e a Roma gli Ebrei erano segregati da più di cent'anni. A ospitare il Ghetto è destinato un edificio già esistente, a pochi metri dalla centralissima piazza Carlo Emanuele II, che è in grado di accogliere oltre settecento persone entro confini definiti, e di non recare offesa con la propria presenza lungo gli itinerari delle processioni cattoliche. Solo ad alcune famiglie, dietro pagamento di una forte imposta, viene permesso di abitarne al di fuori.

Il Ghetto costituisce una realtà notevolmente integrata, condizione resa necessaria dalla segregazione coatta e dall'elevato numero di abitanti, come anche dalla necessità di rendere coeso un nucleo sociale esposto a soprusi e arbitrii. Al suo interno erano presenti tre sinagoghe, oltre agli altri luoghi della vita ebraica; una fitta rete di percorsi interni permetteva i collegamenti, anche quando, dal tramonto all'alba, era impedita la comunicazione con l'esterno con la chiusura dei cancelli, che sono ancora oggi in parte visibili e che costituiscono uno dei pochi indizi della sua antica destinazione.

Verso la fine del Settecento nel Ghetto risiedono più di mille persone, in condizioni di grave sovraffollamento. È dunque necessario istituirne un secondo, il «Ghetto nuovo», di fronte al precedente; in esso trovano posto circa trecento persone. I radicali interventi che il manufatto ha subito per aumentarne la capienza sono stati tali da renderlo ancora oggi immediatamente distinguibile per la fittissima cadenza di piani e finestre, per la

The first evidence of residency permits allowing Jews to settle in Torino dates back to the beginning of the fifteenth century. The Ghetto, however, was instituted much later, in 1679, while in Venezia and in Roma the Jews had already been segregated for more than a century. The Ghetto was created in an existing building a few meters from piazza Carlo Emanuele II in the center of the city. It was large enough to house over 700 people within the boundaries of a clearly defined area, in order not to create offense through their visibility along the path of Catholic religious processions. Only a few families were allowed to live outside the Ghetto walls, after paying a heavy tax for the privilege.

The Ghetto was a tightly integrated society, an inevitable consequence of the large number of residents forcefully segregated in a limited space. Integration was also necessary to give cohesiveness and provide self-defense to a small group routinely exposed to abuse and arbitrariness.

There were three synagogues within the Ghetto, in addition to other spaces which are part of Jewish life. A thick network of paths allowed connections when, from dawn to dusk, communication with the outside world was prohibited and the metal gates remained closed. They are still partly visible today and constitute one of the few clues of their earlier use.

Near the end of the eighteenth century more than 1000 people lived in the Ghetto, in conditions of extreme overcrowding. It became necessary to create a second structure, called the "New Ghetto" and located directly in front of the earlier one. Three hundred people were placed within it. In order to increase its capacity, the building was subject to a radical transformation that makes it still distinguishable today, through the tight-paced rhythm of windows and floors, the poverty of its architecture, and the high degree of decay its facade still conveys.

Throughout nearly a century and a half of its existence, the

In questo testo vengono ripresi e ampliati i temi trattati nel video presente in mostra / In this text the themes treated in the video shown in the exhibition are enriched and re-elaborated.

povertà architettonica e decorativa, per l'elevato livello di degrado che traspare dalle sue facciate.

L'istituto del Ghetto, nel secolo e mezzo circa della sua esistenza, resta strettamente legato all'avvicendarsi del potere sovrano: francesi, austriaci, piemontesi, in una sequenza di speranze e di delusioni, di abolizioni e riconferme, fino alla sua definitiva chiusura con la proclamazione dello Statuto da parte di Carlo Alberto di Savoia nel 1848. Con quell'atto il re concede l'Emancipazione agli Ebrei.

Da quel momento gli Ebrei hanno partecipato con entusiasmo alla vita culturale, politica, economica dello Stato sabaudo, ma non hanno abbandonato immediatamente il Ghetto, che è rimasto ancora punto di riferimento per la vita ebraica della città, fino alla costruzione di una nuova sinagoga, che finalmente avrebbe potuto sottrarsi ai vincoli imposti dalla discriminazione e rappresentarne pubblicamente la dignità di cittadini.

La sinagoga, che nelle volontà degli Ebrei torinesi doveva celebrare l'avvenuta Emancipazione ed esprimere la loro gratitudine, avrebbe dovuto essere quella che oggi è nota come Mole Antonelliana: secondo le intenzioni dell'Università Israelitica - come si chiamava allora l'organismo comunitario - l'edificio avrebbe dovuto contenere una sala per millecinquecento persone e tutte le attività civili e religiose che tradizionalmente erano ospitate nel Ghetto.

Per soddisfare queste richieste era necessario occupare integralmente il lotto disponibile, senza corti né sagrati, facendo sì che la Sala di preghiera non avesse null'altro sopra di sé, come vuole il rito. Nel 1863 i lavori vennero affidati all'architetto Alessandro Antonelli, che formulò il progetto di un edificio a pianta quadrata, caratterizzato da una cupola ogivale. Grazie al sistema costruttivo a scheletro murario, la grande aula interna risultava completamente libera da vincoli e da ostacoli intermedi. La concezione della Mole dunque poteva permettere il massimo di flessibilità nella disposizione degli arredi liturgici e consentiva di illuminare e aerare convenientemente l'interno. Il Tempio si offriva alla vista dalle strade all'intorno in modo singolare e imponente.

Nel corso della realizzazione, tuttavia, la cupola si era sviluppata ben oltre il progetto originario, per inseguire l'ambizione

Ghetto as an institution was directly affected by the vicissitudes of several sovereign powers (French, Austrian, Piedmontese) accompanied by a sequence of hopes and disillusionments, repeals and reestablishments until its definitive closure with the proclamation of the Albertine Statute by Carlo Alberto di Savoia in 1848. With that act, the King finally granted the Jews their Emancipation.

From then on the Jewish population enthusiastically participated in the cultural, political, and economic life of the Savoy State. But they did not immediately abandon the Ghetto, which was to remain a point of reference for the city's Jewish life until a new synagogue would be built, finally exempt from the obligations of previous discrimination and capable of expressing publicly the dignity of a community of free citizens.

The Jews of Torino wanted a new synagogue as a symbol to celebrate the Emancipation and express their gratitude. It was supposed to have been the building known today as the Mole Antonelliana. According to the wishes of the Israelite University, as the communal organization was then called, the new building needed a hall for 1500 people, together with all the civic and religious activities that had traditionally been housed in the Ghetto. In order to satisfy these requirements, the entire available lot was to be occupied, without internal or external courtyards. Moreover, as ritual requires, nothing was to be built above the Prayer hall. The architect Alessandro Antonelli was entrusted with the design, which he formulated as a square marked by an ogival dome. Thanks to the skeletal structure of the walls, the large internal hall remained free of internal obstacles or partitions. The structural concept of the Mole could therefore allow maximum flexibility in the placement of liturgical furnishings and provided adequate ventilation and natural light. The Temple presented itself as a singular and powerful building from the streets around it.

Nevertheless, in the course of the construction the dome was developed well beyond the original design, in order to follow Antonelli's ambitions to experiment with the height limitations of his building construction system.

After a long controversy between the designer and the Israelite University, which in the meantime had exhausted its financial

154. La Mole vista dal Tempio israelitico / The Mole as seen from the Israelitic Temple.

154.

di Antonelli a sperimentare i limiti in altezza del suo sistema costruttivo.

Dopo lunghi contrasti tra il progettista e l'Università Israelitica, quest'ultima, che aveva esaurito le proprie finanze, si risolveva a vendere l'edificio alla Città, per realizzare con il ricavato una nuova sinagoga, in una diversa collocazione, nelle aree di espansione sud dell'attuale corso Vittorio Emanuele II.

Malgrado la conclusione controversa della vicenda, gli studi di Antonelli intorno alla Mole, alla luce di un confronto con il panorama delle sinagoghe monumentali ottocentesche, costituiscono uno dei pochi esempi di approfondita e specifica ricerca architettonica; una ricerca che ha dato luogo a una relazione originale e coerente tra la peculiarità del rito e la forma individuata per accoglierla e rappresentarla.

Il concorso per il «Nuovo Tempio Israelitico», che ancora oggi accoglie il culto e le attività sociali degli Ebrei torinesi, viene vinto dal progetto di Enrico Petiti, che ne conclude la costruzione nel 1884.

Mettendo da parte la tradizione, che nelle sinagoghe piemontesi più antiche collocava la tribuna dell'officiante al centro, Petiti progettò una sala a tre navate con un forte impianto longitudinale; in fondo, rivolti a sud ⁄ mentre il rito tradizionale prescrive l'orientamento a est ⁄ la *TEVÀ* e l'*ARÒN HA QÒDESH* sono incorporati in un unico elemento architettonico, quasi in forma di altare.

A conferma dell'importanza che in quel momento aveva l'immagine urbana dell'edificio, il bando di concorso imponeva al progettista di adottare uno stile architettonico definito, il moresco, che era stato utilizzato in altre sinagoghe realizzate in Europa in quegli anni. Attraverso lo stile moresco si era inteso ricondurre, in forma visibile, alla cultura e all'identità ebraica.

Il Tempio di Petiti si affidava, per affermare la propria specificità di sinagoga, al linguaggio decorativo più che allo studio dell'impianto architettonico, accogliendo il clima culturale proprio dell'eclettismo, attraverso le cui continue allusioni si rende ambiguo ed evanescente il confine tra forma e contenuto, tra autenticità e finzione.

Questa impressione si rafforza esaminando il combinarsi dei corpi di fabbrica e degli elementi decorativi: il cornicione model-

resources, the latter decided to sell the building to the City, using the proceeds to build a new synagogue in a new location, in the area of expansion south of what today is Corso Vittorio Emanuele II.

Despite its controversial conclusion, Antonelli's studies for the Mole stand out in the panorama of monumental synagogues of the nineteenth century as one of the few examples of a specific, in-depth research into this particular building type. It achieved a new and coherent relationship between the peculiarity of the religious ritual and the form meant to represent it.

The competition for the "New Israelite Temple", which still houses the religious and social activities of Torino's Jewish Community, was won by Enrico Petiti, who completed the construction in 1884.

Putting aside the tradition, which in the older Piedmontese communities placed the Tribune with the officiant in the center, Petiti designed a three-aisle hall with a strong longitudinal layout. The *TEVAH* and the *ARÓN HA KÒDESH* are incorporated in a single architectural unit at the end, towards the south, almost as in the form of an altar, even if the ritual prescribes that the orientation must be to the east.

As confirmation of the significance then attributed to the building's urban image, the competition required the designer to adopt the Moorish style, which had been used in other European synagogues at the time. The Moorish style was meant to recall the Jewish culture and identity in a visible form.

To assert its peculiarity as a synagogue, Petiti's Temple employed the choice of a decorative style, rather than an architectural form. This reflected the contemporary cultural climate of eclecticism, in which the continuous use of allusion blurs with ambiguity the line between form and content, authenticity and fiction.

These impressions are reinforced as one examines the combinations of architectural forms and decorative elements. The molded cornice seems to hold together the four towers and the vaulted central hall. The windows and the cornice embroider the facade and give thrust to the statics of the volumes, while the oriental arches of the portico contribute to lightening the main facade. The surfaces are variably worked, reinforcing the het-

155. Immagine del Rito feriale / The daily Rite.

155.

lato sembra voler tenere insieme le quattro torri con la sala voltata al centro, le finestre e le cornici che ricamano le facciate conferiscono slancio alla staticità dei volumi, così come gli archi orientaleggianti del portico contribuiscono ad alleggerire la facciata principale. Le superfici variamente lavorate rafforzano l'eterogeneità dei materiali e degli elementi stilistici che prendono parte alla composizione. Le elaborate decorazioni che rivestono le due facciate rivolte verso le vie pubbliche si semplificano notevolmente lungo i fronti interni, rivolti verso spazi privati, rivelando l'essenzialità geometrica dell'involucro.

Si tratta di un chiaro esempio di architettura come spettacolo urbano, che assolve alla funzione di mostrarsi, oltre che di accogliere le attività degli uomini, e che restituisce, in definitiva, un'idea di fragile e provvisoria monumentalità.

Nel 1942, nel corso di un bombardamento alleato, il Tempio fu colpito da uno spezzone incendiario; solamente le torri e le pareti perimetrali rimasero in piedi, mentre tutto il ricco trattamento dello spazio interno fu completamente distrutto dal fuoco. Quanto è stato ricostruito nel dopoguerra, con poche risorse e con l'urgenza di rendere di nuovo agibile il principale luogo di aggregazione degli Ebrei torinesi, è solo una traccia di ciò che era stato.

Nel 1972, al di sotto del «Tempio Israelitico» è stata realizzata, su progetto dell'ingegner Giorgio Olivetti, una suggestiva sinagoga a forma di anfiteatro. Gli splendidi arredi in stile barocco piemontese provengono da quella che fu la Sinagoga di Chieri. Il «Tempio Piccolo», come viene usualmente chiamato, è utilizzato regolarmente per le preghiere quotidiane, mentre per le solennità che richiamano un maggior numero di persone viene utilizzato il «Tempio Grande».

Un muretto di mattoni forati separa il Tempio Piccolo da una minuscola Sala di preghiera. Sei file di banchi sono poste di fronte al prezioso *ARÒN* settecentesco, proveniente dalla Sinagoga di rito tedesco del Ghetto nuovo. Sulle antine, dipinte di nero in segno di lutto per la morte di Carlo Alberto, sono riprodotte due immagini dorate che evocano la città di Gerusalemme.

Nel 1990, a seguito di crolli di parti di cornicioni e distacchi di intonaci, si è reso necessario un intervento di restauro conservativo.

La ricostruzione del dopoguerra aveva interessato solo in piccola parte le facciate, e all'epoca non si era ritenuto indispensabile

erogeneity of the materials and the plurality of the stylistic elements that are part of the composition. The elaborate decorations that adorn the two facades facing the public streets become significantly simplified on those facing private spaces, revealing the essential, and yet vanishing, geometry of the building envelope.

This is a clear example of architecture as urban theater, which has the function not only of housing human activity, but of showing itself. In the end, it renders an idea of fragile and provisional monumentality.

In 1942, during an incursion by the allied airforce, the Temple was hit by a firebomb. Only the towers and their perimeter walls remained intact, while all of the rich treatment of the interior spaces was completely destroyed by fire. What was rebuilt after the war is but a trace of what had once been, due to minimal resources and the urgency to make the body of the structure usable as soon as possible as the main gathering hall for the Turinese Jews.

In 1972, a picturesque, amphitheater-shaped, small synagogue was built underneath the 'Israelite Temple', based on a design by engineer Giorgio Olivetti. Its splendid furnishings in the Piedmontese Baroque style come from what had been the Synagogue of Chieri. This 'Small Temple', as it is usually called, is regularly used for daily prayer, while the 'Large Temple' opens for the festivities that attract a larger number of faithful.

A wall of bricks separates the Small Temple from a tiny Prayer hall. Six rows of benches are placed in front of a precious *ARÓN* from the eighteenth century that comes from the German rite Synagogue of the New Ghetto. On the cabinet doors, which are painted black as a sign of mourning for the death of Carlo Alberto, are two gold images that evoke the City of Jerusalem.

In 1990, following the collapse of part of the cornice and the detachment of some of the plaster, restoration was necessary. The reconstruction after the war had involved the facade only partially. At the time, the restitution of the original image of the building was not considered indispensable. The loss of legibility of the facade colors and the progressive crumbling of the stone and mortar due to decay made the building awkward and gloomy.

The restoration of 1990 then became an opportunity to restore the colors' function of underlining the order of the architectural rhythms: the hierarchy of the facade, the heterogeneity of the

156.

157.

158.

159.

160.

156. Interno del Tempio, foto d'epoca / Interior of the Temple, period photograph.

157. La prima funzione dopo la Liberazione, tra le macerie del Tempio / The first service, after the Liberation, between the ruins of the Temple.

158. Particolare della nuova *TEVÀ* / detail of the new *TEVAH*.

159. Ingresso del Tempio dopo il restauro / Entrance to the Temple after restoration.

160. Particolare delle *MECHITZOT* / Detail of the *MECHITZOT*.

restituire al Tempio la sua immagine originaria; ma il degrado aveva prodotto la totale perdita di leggibilità dei colori delle facciate oltre al progressivo sgretolamento delle pietre e delle malte, rendendo l'edificio sgraziato e tetro.

Il restauro è divenuto allora l'occasione per restituire al colore la funzione di sottolineare l'ordinamento delle partiture architettoniche: la gerarchia delle facciate, l'eterogeneità dei materiali costruttivi, le fasce decorative, il rapporto tra la compattezza del volume centrale e lo slancio delle torri, la leggerezza della loggia.

All'interno, per ovviare alla pessima acustica della sala e adeguarla alle esigenze di una comunità sempre più ridotta, senza alterare i caratteri architettonici dell'edificio, l'intervento si è limitato agli arredi: una nuova Tribuna per l'officiante, interamente in legno, da collocare al centro della sala e un diverso orientamento dei vecchi banchi, ora rivolti verso la nuova Tribuna, hanno permesso di risalire a ritroso il percorso verso la disposizione tradizionale delle sinagoghe piemontesi.

Il Tempio Israelitico è oggi una presenza architettonica riconosciuta e animata nel tessuto urbano di Torino; intorno a esso, nel complesso comunitario realizzato negli anni settanta dagli architetti Rosental e Foa, si sviluppa la vita quotidiana dell'intera Comunità, con il Centro sociale, gli uffici, la Casa di Riposo, la Biblioteca e l'Archivio Ebraico, le scuole per l'infanzia, elementare, media e la scuola rabbinica.

Oggi quella di Torino è la Comunità Ebraica più importante del Piemonte e la terza in Italia: è composta da circa mille persone, ha assorbito nel corso degli anni le Comunità di Alessandria, Asti, Acqui, Carmagnola, Cherasco, Chieri, Cuneo, Ivrea, Mondovì e Saluzzo.

161. Particolare delle *MECHIZOT* / Detail of the *MECHIZOT*.

materials, the decorative bands, the relationship between the compact volumes, the central thrust of the towers, and the lightness of the loggia. On the inside, it was an opportunity to improve the dreadful acoustics of the hall and to adapt to the needs of an ever dwindling community. The intervention was limited to the furnishings and did not alter the architectural characteristics of the building. A new Tribune for the officiant, made entirely of wood, was placed in the center of the Prayer hall. The old benches were reoriented towards the new Tribune, returning the overall layout to a form more similar to the traditional Piedmontese Synagogue.

The Israelite Temple is today a living architectural presence, recognized as part of the urban fabric of Torino. The Jewish Community's daily life revolves around the community complex created in the 1970s by the architects Rosental and Foa. It includes a social center, the administration offices, a Nursing Home, the library, the Jewish Archives, and the nursery, elementary, junior high and Rabbinical schools.

The Jewish Community of Torino is today the most important in Piedmont and it is the third largest in Italy. It includes about 1000 members and has, over the years, absorbed the Communities of Alessandria, Asti, Acqui, Carmagnola, Cherasco, Chieri, Cuneo, Ivrea, Mondovì, and Saluzzo.

161.

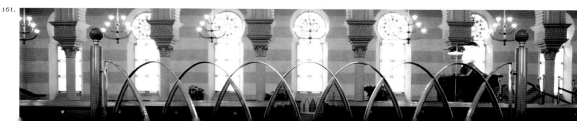

162.

163.

162. Interno del Tempio
visto dal matroneo
con la nuova sistemazione /
Interior of the Temple
seen from the women's
gallery with the new
accomodation.

163. Sala di preghiera
del Tempio Piccolo /
Prayer hall of the Small
Temple.

164. 8 aprile 2009:
la Benedizione del Sole /
April 8, 2009: the Blessing
of the Sun.

164

L'appartenenza al Popolo Ebraico è vincolata a una serie di requisiti ‑ principalmente la discendenza da madre ebrea e, per i maschi, la circoncisione ‑, ma insieme a queste condizioni di carattere oggettivo, nell'idea di appartenenza si riconosce la consapevolezza di condividere un patrimonio religioso, di memorie storiche, di tradizioni culturali, di sensibilità e di molte altre cose ancora. Qualsiasi tentativo di rinchiudere le espressioni rituali, giuridiche, filosofiche dell'Ebraismo entro i

Membership to the Jewish Community has certain requirements ‑ the first of which is descent from a Jewish mother and, for males, circumcision. However, along with these more objective aspects, the concept of membership includes awareness of a shared heritage formed by religion, historical memory, cultural traditions, sensibility, and much more. Any effort to enclose the ritual, legal and philosophical expressions of Judaism into a series of rigid and synthetic rules is made in‑

165. *MEILÌM* e *PAROCHET* nell'*ARÒN* della Sinagoga di Cherasco / *MEHILIM* and *PAROCHET* in the *ARÓN* of the Synagogue of Cherasco.

165.

confini di una classificazione rigida e sintetica è reso inefficace dalla stessa propensione del pensiero ebraico a sfuggire a ogni atteggiamento dottrinario. E le ragioni di ciò si ritrovano facilmente nei percorsi tormentati della storia.

Dopo la conquista da parte dell'Impero romano, la distruzione del Tempio di Gerusalemme e la dispersione nel mondo, si è interrotta per gli Ebrei quella relazione tra popolo e terra che a ogni altra gente permette di costruire una stabile identità politica e geografica. Perduta l'autonomia politica, il Sinedrio (suprema autorità religiosa) sopravvive fino all'epoca bizantina con il compito di dare forma stabile e tramandare la tradizione; dal momento del suo scioglimento non esiste più un'unica autorità che rappresenti ufficialmente l'Ebraismo, come invece accade in altre religioni. Si compie, in quel tempo, una profonda riorganizzazione della struttura religiosa: la casta sacerdotale, le cui prerogative erano strettamente legate alla centralità del Tempio, perde le proprie funzioni e la guida dell'Ebraismo è assunta dai rabbini; a loro spetta, da quel momento in poi, il compito di insegnare e offrire un indirizzo spirituale alle singole comunità periferiche, raccolte intorno alle sinagoghe. Certo, nella storia millenaria del Popolo Ebraico l'aspetto religioso ha giocato un ruolo decisivo nella costruzione di una struttura istituzionale e nella conservazione di un'identità riconoscibile.

Occorre però osservare che l'Ebraismo, pur ispirandosi a una prospettiva religiosa, giunge a comprendere un corpus articolato di conoscenze in cui ai ragionamenti sulla natura del divino e dei suoi rapporti con gli uomini se ne intrecciano molti altri di natura giuridica, etica, sociale, intorno ai rapporti che gli uomini intrattengono fra loro, con gli animali e con le cose. Se oggi il mondo ebraico appare profondamente secolarizzato, è tuttavia proprio la pervasività di un pensiero che si espande fino agli aspetti più umani della storia (ad esempio, la difesa dei più deboli come portato di un'esperienza di persecuzioni) a nutrire anche tra Ebrei più laici un solido senso di appartenenza.

La dispersione degli Ebrei nel mondo ‑ viaggiatori, commercianti, emigranti, deportati, organizzati in comunità floride, rispettate e influenti o lembi di società, emarginati ed esposti ai soprusi ‑ è parte dell'identità millenaria di questo popolo. La presenza di una popolazione ebraica significativamente numerosa e stabile nei territori di Israele corrisponde cronologicamente a una parte della narrazione biblica, per riprendere poi, in tempi

166.

166. Sinagoga di Carmagnola / Synagogue of Carmagnola.

167. La Mole
Antonelliana
e il Tempio israelitico
di Torino / The Mole
Antonelliana and
the Israelitic Temple
of Turin.

167.

effective by the same propensity of Jewish thought to escape any doctrinal attitude. The reasons for this can easily be found in the tormented paths of history.

After the conquest of the Roman Empire, the destruction of the Temple of Jerusalem and the Diaspora throughout the world, the Jews lost their relationship between a people and its land which for all other peoples allows the construction of a stable political and geographical identity. Once political independence was lost the Sanhedrin (supreme religious authority) continued to exist until the Byzantine era, exerting the role of stabilizing and transmitting traditions. Unlike other religions, the moment the Sanhedrin dissolved, for the Jews a single representative authority ceased to exist. At this time the religious structure was radically reorganized: the priestly caste, whose role was strictly connected to the centrality of the Temple, lost its purpose, and the role of religious guide was assumed by rabbis. Their function was, from that point on, to provide a spiritual direction to the single peripheral communities gathered around the synagogues. Certainly, in the thousands of years of history of the Jewish people, the religious aspect played a decisive role in the formation of an institutional structure and in the conservation of a recognizable identity.

Judaism, although inspired by a religious prospective, includes a body of articulate concepts in which reflections on the nature of the divine and its relationship to man are intertwined with many other legal, ethical, and social ones, such as the relationship of man to fellow man, to animals and to things. If today Judaism appears profoundly secularized, it is precisely because its thought is permeated by concepts that include the most human elements of man's history (for example, the defense of the weakest as a result of the experience of persecutions). This fact allows even the most secular Jews to feel a strong sense of connection and belonging to their heritage.

The scattering of Jews throughout the world ⁄ travelers, merchants, emigrants, deportees, organized in flourishing communities, respected and influential or emarginated to the edge of society and exposed to abuse ⁄ is part of the several thousand years old identity of this people. A numerous and stable population of Jews in the land of Israel is chronologically a part of the biblical narrative, only to return, in more recent times, with

recenti, con il Sionismo e la fondazione dello Stato di Israele.

Nel corso della Diaspora le comunità ebraiche sparse nell'intero pianeta - in Europa occidentale, orientale e oggi soprattutto negli Stati Uniti d'America, ma anche in America Latina, Asia, Africa, Oceania - hanno prodotto un'immagine sfaccettata di ebraismi diversi. Le loro espressioni assumono caratteri molteplici, negli idiomi, nei riti, per arrivare fino alla musica, alla cucina; in quegli aspetti esteriori si rispecchiano, tra l'altro, gli echi delle culture con cui sono venute a contatto. Ma insieme costituiscono i tasselli di un mosaico in cui si riconoscono le comuni radici della più antica religione monoteistica, di un unico popolo, in vari modi unito dal riconoscimento di un nucleo fondativo comune: la Bibbia ebraica e l'insegnamento dei Maestri che ne hanno studiato e commentato il significato.

La ricchezza intrinseca dell'Ebraismo è costituita da un mondo variegato di espressioni culturali, di vita, di spiritualità, sospeso fra la sicurezza della norma e la responsabilità dell'interpretazione. Si può dire che ogni identità umana si proietta sulle cose materiali con cui istituisce un rapporto, incidendo su di esse un'impronta che ne riproduce i tratti e le rende riconoscibili lungo i percorsi nello spazio e nel tempo: così le sinagoghe accompagnano la storia del Popolo Ebraico, assorbendo nelle proprie forme il segno delle condizioni e dei pensieri degli Ebrei che le hanno volute e abitate.

Nella disseminazione degli insediamenti ebraici in Piemonte emerge un insieme, forse unico in Italia, di sinagoghe sparse sul territorio: tanti casi, in cui ogni edificio sembra raccontare una sua storia singolare, solo in parte riconducibile a norme e tipi univoci. Ogni sinagoga è un caso a sé, un incontro tra luoghi, tempi, personaggi, culture e circostanze.

La sinagoga si installa nel territorio, ne assorbe in parte i linguaggi, ma non si identifica totalmente con la cultura in cui è immersa, traducendo in forma sensibile la metafora che accompagna l'esperienza dell'Ebraismo diasporico: appartenere e a un tempo essere estraneo al luogo in cui ci si trova.

Zionism and the foundation of the State of Israel.

During the Diaspora the Jewish communities scattered across the planet - in both Eastern and Western Europe, and today primarily in the United States, but also in South America, Africa, Asia and Australia - created a multifaceted image of different types of Judaism. Their expressions are multiple, through idioms, rituals and even through music and cuisine; through their external expression they echo the cultures with which they have come into contact. However, together they represent the inserts of a mosaic in which we can recognize the roots of the most ancient monotheistic faith, of a single people, in various ways united by recognition of a single common foundation: the Jewish Bible and the teachings of the Masters who have studied and interpreted its meaning.

The intrinsic richness of Judaism is its multifaceted expression of culture. It is an expression of life and spirituality, suspended between the security of norms and the responsibility of interpretation. We can say that each human identity projects itself upon material objects with which they develop a relationship, imprinting upon them the traits that make them recognizable along the paths of time and space: it is in this way that the synagogues accompany the history of the Jews, absorbing in their forms the sign of the conditions and thoughts of the people who had wanted them and lived within them.

The spread of Jewish settlements in Piedmont forms a group of synagogues scattered throughout the territory that is perhaps unique in Italy. There are many examples where each building seems to tell its singular story, only partially traceable to codified typologies or norms. Each synagogue is unique, a union of places, times, characters, cultures, and circumstances.

The synagogue unites with the territory, partially absorbing the language, but without fully identifying with the culture in which it is immersed. In this way it sensitively translates the metaphor of the experience of the Jewish Diaspora: to belong, while at the same time to be extraneous to the place in which one is located.

Sguardi diversi

COMMENTO ALLE IMMAGINI

NOTES TO THE PHOTOGRAPHS

Tre diversi sguardi, tre modi di percorrere lo spazio, quello sinagogale, leggendolo ogni volta secondo una particolare direzione. Tra le sinagoghe prese in esame nella mostra permanente allestita a Carmagnola, quelle di Casale Monferrato, Saluzzo e Asti sono state affidate a tre fotografi, rispettivamente Monika Bulaj, Daria de Benedetti e Giovanni Battista Maria Falcone, con il compito di attraversare questi edifici ognuno con la propria sensibilità individuale. Le immagini che ne risultano ci restituiscono via via l'architettura, i dettagli degli arredi, la vita della Comunità Ebraica. E così, come ogni sinagoga costituisce un caso a sé, un'unica combinazione di elementi che attingono al tessuto geografico, storico e sociale che li circonda, così ognuna delle tre visioni si costituisce come interpretazione peculiare di un luogo e della sua spiritualità.

Falcone, che utilizza il bianco e nero per riprendere l'edificio di Asti, affida il suo obiettivo a ritmi lenti, a traiettorie ben identificabili. Ci accompagna da un punto all'altro del complesso attraverso l'infilata delle arcate, le volte, la cupola, il vestibolo, sino alla facciata neoclassica poi chiusa dalla cancellata; e intanto gioca con la luce naturale che penetra dai finestroni e con quella artificiale proveniente dalla lampada eterna e dai candelabri. Il suo è un movimento progressivo che porta dalla semioscurità interna verso la luminosità del sole che abbaglia gli esterni, dal silenzio concentrato della preghiera al respiro dell'apertura circostante.

Nella Sinagoga di Saluzzo, Daria de Benedetti sceglie gli arredi e i particolari. In un bianco e nero morbido e denso, che restituisce il calore della materia di cui sono fatti gli oggetti, le sue immagini inquadrano l'Armadio sacro che custodisce i Rotoli della TORÀ, gli intagli, i lampadari di cristallo, le iscrizioni, gli affreschi della volta, le panche per i fedeli. E intanto queste immagini danno voce alla sacralità dell'ambiente isolandone i frammenti con visioni trasversali, ravvicinate, tanto suggestive

Three different glances, three different ways to move through space, the space of the synagogue, each time reading it according to a particular viewpoint. Among the synagogues examined in the Carmagnola permanent exhibition, three of them, namely Casale Monferrato, Saluzzo, and Asti were entrusted as subjects to three photographers, respectively Monika Bulaj, Daria de Benedetti, and Giovanni Battista Maria Falcone. They were asked to render these spaces using their personal sensibilities. The resultant images slowly reveal the architecture, the details of the furnishings, and the life of the Jewish Community. And just as each synagogue is a case in and of itself, a unique combination of elements that draws from the geographic, historic, and social fabric that surrounds them, each of the three visions results as a special interpretation of a place and its spirituality.

Falcone uses black-and-white to photograph the structure in Asti; he trusts his lens to slow rhythms and clear trajectories. He accompanies us from one point to another, through the row of arches, the vaults, the domes, to the vestibule, and finally to the Neoclassical facade subsequently closed by gates, all the while playing with the natural light, which penetrates the large windows, and the artificial light, which comes from the 'eternal light' (NÉR TAMÌD) and candelabras. His is a progressive movement which carries the viewer from internal semi-darkness towards the external dazzling sunlight, from the silent concentration of prayer to the breath of the open surroundings.

In the Synagogue of Saluzzo, Daria de Benedetti chose the furnishings and the details as her subject. In a soft, dense black-and-white, this captures the warmth of the materials the objects are made of. Her images frame the Holy Ark, which houses the Sacred Scrolls of the TORAH, the carvings and the crystal lamps, the inscriptions, the fresco-painted vault, the benches of the faithful. These images give voice to the sacredness of the

da diventare in certi casi astratte, per poi improvvisamente dialogare con il paese che compare oltre le vetrate delle finestre, come a ribadire il legame stretto con il contesto territoriale.

Sia nell'uno sia nell'altro caso è evidente la percezione dello spazio come luogo della memoria, dove l'insieme, come ogni singolo elemento, diventa rivelazione e segno.

Con Casale Monferrato ci si immerge nel pieno del presente, nella vita che Monika Bulaj racconta riprendendo un matrimonio ebraico. Dalla calma immobile che precede la cerimonia, negli interni ancora vuoti che attendono la festa, all'arrivo degli invitati, e poi della sposa, nella luce limpida di una giornata di luglio, fino al rito vero e proprio che si conclude con lo sposo che rompe il bicchiere in ricordo della distruzione del Tempio di Gerusalemme e la firma del contratto matrimoniale. Quindi l'allegria degli invitati, le voci, la musica che si indovinano nella serie della Bulaj, dove nel colore del reportage si muove la Comunità. Primi piani, scene d'insieme, tagli parziali, fotogrammi rubati allo scorrere di un tempo da ricordare, e che chiede all'intensità della fede di custodire la propria memoria.

Questa duttilità della fotografia nell'assumere ogni volta una prospettiva diversa richiama in qualche modo la singolarità propria di questi luoghi di preghiera. Non schemi rigidi, fissati una volta per sempre, ma nuclei vitali che si costituiscono per successivi adattamenti, che seguono le esigenze imposte dal contesto storico e ambientale. Così le immagini dei tre fotografi, ognuno impegnato a guardare e a interpretare secondo il proprio linguaggio, senza mai obbedire a puri criteri documentativi, tornano a sottolineare che, oltre la pluralità delle impressioni visive, resta il senso forte di appartenenza a una comune identità religiosa e culturale, identità che perdura al di là della fragile contingenza della materia.

CHIARA CORONELLI

spaces, isolating the fragments with transversal shots and close-ups, so suggestive as to become abstract in some cases. Then they suddenly enter into a dialogue with the countryside that appears beyond the window, as if to underline the objects' intimate connection with their territorial context.

In both cases the perception of space as a place for memory is evident, where the whole, as each individual element, becomes a revelation and a sign. With Casale Monferrato one is submerged fully in the present, in the life that Monika Bulaj narrates through the story of a Jewish wedding. From the calm and harmony of the furnishings before the ceremony, to the arrival of the guests, and then the bride, in the limpid light of a day in July; up to the ritual itself which concludes with the groom breaking the glass in memory of the destruction of the Temple of Jerusalem, and the signing of the wedding contract. Then the exhilaration of the guests, the voices, and the music that one imagines in the series of Bulaj, where the community moves in the colors of the reportage. Close-ups, assembled images, partial cuts, frames stolen from the flow of a time to be remembered, a time that asks for the intensity of faith to preserve its own memory.

This flexibility of the photographs, their capability to assume a different perspective each time, recalls in some way the singularity of these places of prayer. They are not rigid schemes, but are vital nuclei formed by a sequence of adaptations and imposed by the historical and environmental context. In this way the images of the three photographers, each one intent on looking and interpreting in their own personal language, and not following the criteria of pure documentary, underline the fact that beyond the plurality of the visual impressions the strong sense of belonging of a common religious identity remains, one which has lasted beyond the fragile details of the material.

CHIARA CORONELLI

137

Saluzzo

DARIA DE BENEDETTI

«Luogo, spazio, ambiente: qui muove sempre
la mia ricerca fotografica. A Saluzzo l'*ARòN*
e i lampadari in legno dorato, gli affreschi
e le iscrizioni e ogni dettaglio, arredo
e atmosfera, sono svelati dalla luce che penetra
dalle grandi finestre. Le fotografie descrivono,
illustrano, raccontano, con il desiderio di
contribuire al racconto che consente di sapere,
attraverso ogni immagine, un po' di più».

Place, space, environment, it is here that my
photographic research moves. In Saluzzo
the *ARóN* and the golden lamps of wood,
the frescos and inscriptions, and each detail,
furnishings, and atmosphere are unveiled by
the light that penetrates from the large
windows. The photographs describe,
illustrate and inform, with the desire
to contribute and tell, allowing one to know,
through each image, a little more.

Asti

GIOVANNI BATTISTA MARIA FALCONE

Le radici hanno perso il nutrimento
e l'hanno ritrovato nel silenzio della luce,
luogo della memoria.

The roots have lost their nourishment
and have rediscovered it in the silence of light,
place of memory.

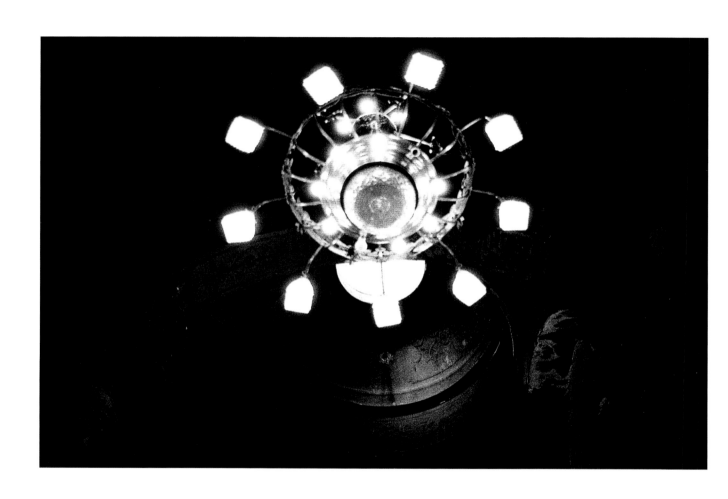

Casale Monferrato

Monika Bulaj

I numeri scolpiti sulle panche fanno il conto
dell'assenza, irrompe la baraonda, la gioia,
lo strepito fino al culmine, la rottura
del bicchiere, la distruzione del tempio.
E poi torna il silenzio.

Il matrimonio di Maura Levi e Davide Romano, 29 luglio 2007.

The numbers sculpted on the benches count
the missing, breaking the chaos, the joy,
clamor until it peaks, the breaking
of the glass, the destruction of the temple.
And then silence returns.

Maura Levi and Davide Romano's wedding, July 29, 2007.

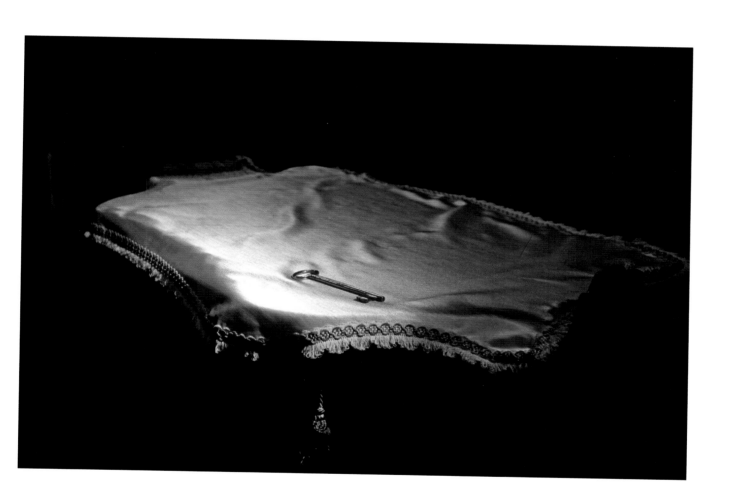

Appendice

Cinque secoli di storia ebraica a Carmagnola[1]

Le prime notizie riguardanti una presenza ebraica a Carmagnola risalgono alla seconda metà del XV secolo, e la più antica testimonianza a oggi conosciuta è del 1467: si tratta di un rogito notarile datato «Carmagnola 14 agosto 1467» con cui *Samuello de Constancia judeo carmagnolie conmoranti* acquistò da due cristiani novanta finelli di canapa al prezzo di 47 fiorini[2].

Alla fine del XV secolo la presenza ebraica a Carmagnola non presentava caratteri di stabilità, e solo a partire dal 1514 il gruppo ebraico risultò essere più consistente, tanto da indurre nello stesso anno il Consiglio di Carmagnola a regolamentare questa presenza[3].

Non si trattava ancora di una vera comunità, ma di un gruppo ristretto di famiglie che delegava le funzioni di rappresentanza politica ed economica al banchiere più ricco e rispettabile, nella cui casa spesso si trovava la sinagoga. Sarà infatti un banchiere ad avanzare alcune richieste al Consiglio della Città, e a rappresentare gli Ebrei di Carmagnola quando Carlo Emanuele I nel 1603 estese agli Ebrei del Marchesato di Saluzzo il godimento dei privilegi «di esercitare tutte quelle arti e mercantie che esercitano gli altri». Grazie a questi privilegi costoro si dedicarono alla produzione in città di seta e sapone.

Nel Seicento e all'inizio del Settecento la presenza ebraica locale continuò a essere esigua; nel 1629 erano residenti in città solo cinque famiglie, nel 1681 sei famiglie e nel 1706 otto.

Nel 1723, quando le *Regie Costituzioni* dei Savoia istituirono i ghetti in tutto il Piemonte, gli Ebrei vivevano da tempo lungo la «Via Maestra» (oggi via Valobra) e nella «Piazza Grande» (oggi piazza Sant'Agostino), e le *Regie Costituzioni* fornirono al Consiglio locale la possibilità di allontanarli dal centro città, assegnando loro l'«Isola delle Cherche» come Ghetto. L'Isola

Five Centuries of Jewish History in Carmagnola[1]

The first evidence of a Jewish presence in Carmagnola dates from the second half of the fifteenth century. The oldest document known today is a notary registration dated Carmagnola August 14, 1467, in which *Samuello of Constancia Jew who resides in Carmagnola* purchased ninety hemp measures for the price of 47 *fiorini* from two Christians.[2]

By the end of the fifteenth century the Jewish presence in Carmagnola was still not stable; only beginning in 1514 had the number of Jewish residents become consistent enough for the City Council to feel the need to regulate their residence status.[3]

It was not yet a true community, but rather a small group of families that delegated the role of political and economic representation to the richest and most respectable bankers. Often the Synagogue was located within their home. It was, in fact, a banker who presented requests to the City Council, and who represented the Jews of Carmagnola when Carlo Emanuele I in 1603 gave the Jews of the Marquisate of Saluzzo the right to enjoy the privileges and "to exercise all the arts and trades that the others exercise". Thanks to these privileges, the Jews of Carmagnola dedicated their efforts to the manufacture of silk and soap.

In the seventeenth and at the beginning of the eighteenth century the Jewish presence continued to be minimal: five families were resident in 1629, six in 1681, and eight in 1706. In 1723, when the Savoy *Regie Costituzioni* instituted ghettos throughout Piedmont, the Jews had lived for some time in 'via Maestra' (today via Valobra) and in 'piazza Grande' (today piazza Sant'Agostino). The *Regie Costituzioni* gave the City Council the opportunity to move Jews definitively from the center of the city, and to assign them the 'Isola delle Cherche' (Block of the Cherche) as the Ghetto.

168.

delle Cherche era formata da due cantoni, detti di San Bartolomeo e di San Plinio, separati da una strada interna chiusa alle estremità da due portoni con lucchetti. La zona prescelta era fuori dal percorso delle processioni religiose, in modo che la nuova Sinagoga non destasse scandalo. Interessante notare come il Ghetto contribuì alla creazione di una struttura comunitaria organizzata, denominata «Università», i cui rappresentanti, detti «Sindaci», compaiono nei documenti a partire dal 1726.

Nel 1734 vivevano nel Ghetto 102 Ebrei, suddivisi in 18 famiglie, cui si aggiunsero nel 1737 due famiglie ebree provenienti da Racconigi che non contribuirono a incrementare significativamente la popolazione del Ghetto: il censimento del 1761 registrò 107 Ebrei suddivisi in 23 famiglie che svolgevano attività di banchieri, orefici, mercanti di panni e sarti, anche per i cattolici. Significativa la presenza di orefici Ebrei, che nel 1782 furono anche ammessi come «Maestri nell'Università Orefici ed argentieri» di Torino.

La vita nel Ghetto imponeva limitazioni e obblighi, come portare sopra la veste un segno giallo, pena il pagamento di multe onerose, ma era garantito il diritto di approvvigionamento di alimenti preparati con procedimenti che seguissero le regole ebraiche come la macellazione, la produzione di salami d'oca e la raccolta dell'uva per la vendemmia senza vincoli di calendario.

Con il governo provvisorio del Regno di Sardegna, instaurato dai francesi nel 1799, gli Ebrei conobbero una prima Emancipazione, ovvero il riconoscimento dei diritti civili e politici indipendentemente dalla fede religiosa. Si abbatterono le porte dei ghetti, anche se in realtà la maggior parte degli Ebrei continuò a risiedervi. Durante il periodo napoleonico dal punto di vista giuridico essi furono equiparati a tutti gli altri cittadini e in alcuni casi si inserirono in vari settori della vita sociale e della pubblica amministrazione. Nel 1801 un censimento registrava ben 171 Ebrei residenti in Carmagnola.

Nel 1814 tornarono in Piemonte i Savoia e Vittorio Emanuele I emanò il 1° marzo 1816 le *Regie patenti* che esonerarono gli Ebrei dal portare il segno, concessero loro di esercitare ogni arte e mestiere, ma li obbligarono al rientro tassativo nel Ghetto. Carlo Alberto di Savoia-Carignano con i Regi Decreti del 29 marzo e 19 giugno 1848 concesse invece la definitiva Emancipazio-

The Isola delle Cherche was formed from the two districts known as San Bartolomeo and San Plinio, separated by an internal street that was closed at the ends by large locked doors. It was an area away from the religious processions and routes so that the Synagogue would not create a scandal. It is interesting to note how the Ghetto contributed to the creation of an organized community structure called the "University", with representatives called *Sindaci* (mayors). They appear in documents starting from 1726.

In 1734 102 Jews lived in the Ghetto, divided into eighteen families. In 1737 two families from Racconigi were added, which did not significantly modify the population of the Ghetto: the census of 1761 registered 107 Jews divided into twenty-three families. They practiced the professions of bankers, goldsmiths, cloth merchants, and tailors, also for Catholic clients. There were a significant number of Jewish goldsmiths and in 1782 they were admitted as 'Masters to the University of Goldsmiths and Silversmiths' of Torino.

Life in the Ghetto was subject to limitations and obligations - for example, to wear a yellow symbol over one's clothes or pay a high fine - but it guaranteed the right to obtain food that was prepared according to the religious rules, such as methods for butchering meat, the production of salami made from duck, and the harvesting of grapes without restrictions on the harvest calendar.

With the temporary government of the Kingdom of Sardinia, instated by the government of France in 1799, the Jews experienced their first Emancipation; or, rather, saw the recognition of both their civil and political rights independent of religious beliefs. The gates of the Ghetto were torn down, even though the majority of the Jews continued to reside there. During the Napoleonic period the Jews, legally speaking, were equal to all other citizens, and some began to participate in various social sectors, as well as the public administration. In 1801, a census counted 171 Jewish residents in Carmagnola.

In 1814 the Savoy rulers returned to Piedmont and Vittorio Emanuele I enacted the Royal Patent on March 1, 1816, which exonerated Jews from wearing the yellow symbol and allowed them to practice any art or profession, although they were obliged

169.

ON volendo Nui per degni rispetti, che in questi Stati habitino Hebrei forastieri. Per le presenti di nostra certa scienza, & autorità, col parer del Conseglio commandiamo à tutti gli Hebrei di Mantoua, & del Monferrato, che frà tre giorni dopo la publicatione di queste debbano partirsi, & absentare gli Stati nostri, sotto pena della galea, & della confiscatione de' loro beni da esseguirsi irremisibilmente; Mandiamo, & commandiamo à Magistrati, Ministri, & Ufficiali nostri, & à chi spetterà, che facciano inviolabilmente osservare le presenti, la

ne degli Ebrei e il regime di segregazione dei ghetti fu abolito; la vita delle Università Israelitiche piemontesi fu poi regolata nel 1857 dalla Legge Rattazzi.

Gli Ebrei carmagnolesi, nuovamente liberi di vivere fuori dal Ghetto, continuarono ad abitarvi ancora per anni e la strada interna al Ghetto, oggi via Bellini, continuò a lungo a essere denominata «degli Israeliti». L'Emancipazione significò per molte comunità ebraiche l'inizio di un lento e progressivo esodo dei suoi appartenenti verso i maggiori centri del Piemonte. Anche Carmagnola conobbe questo fenomeno e cessò di esistere come comunità nel 1930, quando per effetto della Legge Falco divenne una sezione della Comunità Ebraica di Torino.

[1] Per una panoramica di documenti d'archivio sugli Ebrei in Carmagnola si veda R. SEGRE, *The Jews in Piedmont, I (1297-1582), II (1582-1723), III (1724-1798)*, Gerusalemmme 1986-1990; sulla storia degli Ebrei di Carmagnola si veda N. DIENA, *Sei documenti (e cinque fotografie) sugli ebrei di Carmagnola*, in «La rassegna mensile di Israel», agosto-settembre 1959, pp. 363-366; D. COLOMBO e G. TEDESCO, *Il Ghetto di Carmagnola*, in «La rassegna mensile di Israel», dicembre 1961, pp. 536-549; M. LUZZATI, *Momenti di storia degli ebrei di Carmagnola*, in *Vita e cultura ebraica a Carmagnola. La sinagoga*, Carmagnola 1996, pp. 8-17.
[2] G. CORTASSA, *La canapa a Carmagnola: una produzione «labour intensive» per lo sviluppo economico di una comunità rurale*, tesi di laurea a.a. 1987-1988, pp. 22-23 e due fotografie allegate del documento.
[3] L'assenza di fonti su una presenza ebraica in Carmagnola prima di tale data è da ascrivere anche alla mancanza nell'Archivio del Comune di *Ordinati* dal 1441 al 1495.

MARIA CRISTINA COLLI

to return to the ghettos. Carlo Alberto di Savoia-Carignano with a Royal Decree of March 29 and June 19, 1848, granted the definitive Emancipation of the Jews. The regime of segregation in ghettos was abolished and the life of the Israelite University in Piedmont was regulated in 1857 by the Rattazzi Law.

The Jews in Carmagnola, newly freed to live outside the Ghetto, continued to live there for years after, and the streets of the Ghetto, today via Bellini, continued to be called 'degli israeliti' (of the Israelites). The Emancipation meant for many communities a slow, progressive exodus of their members towards the major urban centers of Piedmont. The Community of Carmagnola experienced this phenomenon and ceased to exist in 1930, when as a result of the Falco Law it was annexed to the Jewish Community of Torino.

[1] For a panorama of the archival documents on the Jews of Carmagnola see R. SEGRE, *The Jews in Piedmont, I (1297-1582), II (1582-1723), III (1724-1798)*, Jerusalem 1986-1990. On the history of the Jews of Carmagnola see N. DIENA, "Six documents (and five photographs) on the Jews of Carmagnola", in *La rassegna mensile di Israel*, August-September 1959, pp. 363-366; D. COLOMBO, G. TEDESCO, "Il Ghetto di Carmagnola", in *La rassegna mensile di Israel*, December 1961, pp. 536-549; M. LUZZATI, "Momenti di storia degli ebrei di Carmagnola", in *Vita e cultura ebraica a Carmagnola. La sinagoga*, Carmagnola 1996, pp. 8-17.
[2] G. CORTASSA, *La canapa a Carmagnola: una produzione «labour intensive» per lo sviluppo economico di una comunità rurale*, University thesis, academic year 1987-1988, pp. 22-23 and two photographs attached to the document.
[3] The absence of sources on the presence of Jews in Carmagnola before that date is ascribable to the lack of public registers from 1441 to 1495 within the Municipal Archives.

MARIA CRISTINA COLLI

170.

IL CONSOLATO DI S. M.

Sulli Cambj, Negozj, ed Arti in Torino sedente.

ssendosi rappresentata a S. S. R. M. l'inosservanza delle provide disposizioni datesi negli statuti approvati dalla Regia Camera li 9 gennaio 1623 a mente del memo-

cata, oltre la propria insegna, colla marca prescritta agli Assaggiatori della Regia Camera de' Conti, la quale sarà diversa a seconda della bontà degli argenti, cioè d'anari undici, a danari nove, a danari sette, di maniera che

IL PANORAMA ARCHIVISTICO CARMAGNOLESE

La felice tradizione conservativa degli archivi carmagnolesi si ha trovato, negli ultimi anni, nuovo vigore grazie ai numerosi interventi di valorizzazione messi in atto da molte istituzioni cittadine pubbliche e private.

Grazie dunque alla ricchissima ed eterogenea quantità di fonti documentarie che, in modo quasi ininterrotto, si conservano a partire dal Trecento, è stato possibile compiere un primo sondaggio sulle potenzialità che gli archivi cittadini offrono per affrontare lo studio della Comunità Ebraica di Carmagnola.

Sicuramente le attestazioni più numerose della presenza ebraica nella Comunità carmagnolese sono reperibili nell'Archivio storico comunale, attualmente suddiviso in due sezioni dette «Cornaglia» e «post Cornaglia», dal nome dell'autore di un poderoso intervento di riordinamento compiuto a cavallo fra Otto e Novecento. Partendo dall'analisi delle carte depositate nella sezione «Cornaglia», è possibile fruire delle fonti deliberative (gli *Ordinati*) pervenute con buona continuità a partire dalla fine del XV secolo: le verbalizzazioni del Consiglio e, dal 1861, della Giunta comunale, permettono di verificare quali decisioni e quali provvedimenti siano stati assunti dal Comune e dalle autorità superiori nei riguardi degli Ebrei carmagnolesi. Le fonti fiscali e contabili forniscono elementi interessanti per lo studio non solo degli aspetti legati alla finanza pubblica, ma anche per la conoscenza di quelli inerenti alle dinamiche sociali e demiche della Comunità carmagnolese nel suo complesso. Nell'analisi dell'imponente serie del «Carteggio», nella porzione dedicata alla «Beneficenza» (titolo XIV), fa bella mostra di sé un intero e voluminoso fascicolo dedicato all'Università/Comunità Israelitica con documenti a partire dal 1622. Notizie interessanti sono tuttavia ricavabili anche da altre unità archivistiche ricomprese nella suddetta serie come, ad esempio, le carte del titolo XV, «Cimiteri». Le informazioni relative al cimitero hanno permesso, infatti, di collocare con precisione l'area dove sorgeva l'antico cimitero israelitico.

THE ARCHIVAL DIMENSION OF CARMAGNOLA

Fortunately the tradition of archival conservation in Carmagnola has found, in the past few years, a new vitality and strength thanks to numerous interventions by public and private institutions aimed at enriching these archives.

Thanks, therefore, to the rich and heterogeneous quantity of sources which, in an almost uninterrupted manner, have been conserved since the fourteenth century, it has been possible to carry out a first investigation into the potential that the cities archives can offer in studying the Jewish Community of Carmagnola.

Certainly, most of the evidence of the Jewish presence in the Community of Carmagnola can be found in the city archives, which is currently subdivided into two sections "Cornaglia" and "post Cornaglia", taken from the name of the author of this massive task of reorganization undertaken between the end of the nineteenth and the beginning of the twentieth century. Beginning with the analysis of the papers deposited in the section "Cornaglia", it is possible to analyze the official registers of governmental deliberations (the 'Ordinati') that were conserved fairly consistently, from the end of the fifteenth century: the proceedings of the City council, and, from 1861, of the City government. Through these sources it is possible to verify which decisions and provisions were made by the city and the higher authorities in regards to the Jews of Carmagnola. The tributary and accounting sources furnish interesting elements for studying not only aspects of public finance, but also the social and urban dynamics of Carmagnola in its entirety. In the analysis of the imposing series of documents, in the portion dedicated to "Charity" (title 14), a voluminous binder dedicated to the University/Jewish Community with documentation beginning in 1622 makes a good showing. Interesting information is available in other portions as well, such as title 15, "Cemeteries". The information relative to the cemetery have permitted the identification of the precise area in which the original Jewish cemetery had been located.

Le attività lavorative dei membri della Comunità Ebraica carmagnolese trovano attestazione nelle carte relative ai contratti di affitto, come nel caso della richiesta fatta da Moise Levi di Genova di poter utilizzare, nei giorni in cui non si teneva mercato, la tettoia della canapa per impiantare una fabbrica di corde. Di primaria importanza risultano poi i numerosi riferimenti alle botteghe di orafi e di argentieri o alle fabbriche tessili. I riferimenti alla «Nazione israelitica» carmagnolese si infittiscono nelle serie dell'archivio dedicate all'enumerazione della popolazione a fini anagrafici e fiscali: i registri di Stato civile si rivelano fondamentali per la ricostruzione delle dinamiche familiari della Comunità attraverso i secoli; i sommarioni, i parcellari e i catasti ottocenteschi consentono di verificare di quali proprietà immobili disponessero gli Ebrei carmagnolesi; i *tippi dimostrativi* e le planimetrie permettono di ricostruire l'assetto urbanistico del Ghetto. Nella sezione detta «post Cornaglia» dell'Archivio comunale, posteriore al 1914, è doveroso segnalare le carte inerenti all'attività della scuola serale Diena, i fitti carteggi con le autorità centrali e provinciali occorsi a seguito della promulgazione delle Leggi razziali e, finalmente, le carte che testimoniano le prime iniziative di restauro della Sinagoga nel dopoguerra.

L'attività della Comunità Ebraica carmagnolese ha lasciato consistenti tracce anche negli archivi della Casa di Riposo Umberto I e Margherita di Savoia, della Congregazione di Carità, dell'Opera Pia della Divina Provvidenza, della Società delle Artigiane.

Testimonianza consistente dell'attività immobiliare e finanziaria di membri della Comunità Ebraica è presente anche nell'archivio del più antico ente assistenziale carmagnolese: l'Ospedale San Lorenzo.

Non si deve dimenticare, infine, il folto stuolo di studenti di religione ebraica che trascorsero gli anni di gioventù sui banchi del Liceo Baldessano.

Questa rapida panoramica sui fondi archivistici prodotti e raccolti dalle istituzioni carmagnolesi ci testimonia, seppur fugacemente, della documentata e costante presenza ebraica nel tessuto politico, sociale ed economico cittadino.

ILARIA CURLETTI

The activities of the members of the Jewish Community of Carmagnola are referred to in rental contracts: for example, the request of Moise Levi, resident of Genova, to be able to utilize in the days when there was no market a covered storage for hemp in order to create a factory for cord production. Of primary importance are the numerous references to workshops of gold and silversmiths or to the textile factories. The reference of an "Israelite Nation" in Carmagnola became more frequent in the series of the archives dedicated to the analysis of the population with the registration of vital statistics for tax reasons: the registers of marital status are fundamental to an analysis of the dynamics of families within the Community through the centuries; the nineteenth-century summaries, fees and land registers permit an analysis of the quantity and quality of Carmagnola Jewish owned properties; the 'tippi dimostrativi' and the plans, with their detailed descriptions, permit the reconstruction of the urban aspect of the Ghetto.

In the section called "post Cornaglia" of the City archives, that is after 1914, the following subjects are noteworthy: the night school founded by a member of the Jewish family Diena; the numerous papers resulting from the racial laws; and finally, the papers which testify to the initial efforts made towards the restoration of the Synagogue after the war.

The activities of the Jewish Community of Carmagnola left notable traces in other institutional archives: the archives of the Nursing Home Umberto I e Margherita di Savoia; of the Congregation of Charity; of the Works of Divine Providence; and of the Society of Artisans. Significant traces of real-estate investments and the finances of members of the Jewish Community are present in the archives of the oldest institution for social assistance in Carmagnola, the Hospital of San Lorenzo. Not to forget, in the end, the large group of Jewish students who spent their youth at the desks of Baldessano high school. This quick panorama of the archival sources gathered by the Carmagnola institutions, testify, if only fleetingly, to the documentation and constant presence of Jews in the political, social, and economic fabric of the city.

ILARIA CURLETTI

171.

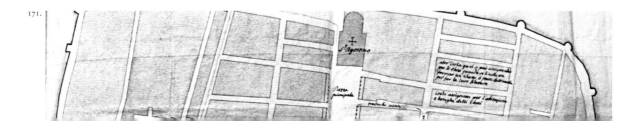

INDICE DEI LUOGHI

Referenze fotografiche

Fotografie Alterstudio: pp. 119, 120.
Fotografie Andrea Milanese: pp. 110, 113, 114.
Fotografie Archivio Benevento e Alessandro Terracini: pp. 51 (in alto), 77 (al centro a sinistra), 127 (in alto a sinistra, al centro a sinistra).
Fotografie Carlo Rosso: p. 116.
Fotografie Claudio Gerenzani: p. 53.
Fotografie Daniel Fuss: pp. 74, 77 (in alto a destra; in basso a sinistra; in basso a destra), 89 (in alto a destra; in basso al centro; in basso a destra), 90, 98, 101 (in basso a sinistra; in basso a destra, in alto a destra), 102, 104, 107 (in basso a sinistra; in alto a destra; in basso a destra), 108.

Fotografie Davide Franchina: pp. 15, 16, 17, 19, 20, 21, 23, 25, 26, 28, 29, 31, 32, 33, 38, 42, 43, 47, 48, 51 (in basso), 52, 54, 55, 60, 61, 62, 65, 68, 71, 77 (in alto a sinistra), 78, 80, 83, 84, 92, 95 (in alto a sinistra; in basso a sinistra; in alto al centro; in basso a destra), 107 (in alto a sinistra), 124, 125, 127 (in basso a sinistra; in basso a destra), 128, 129, 130, 131, 132, 202-206.
Fotografie Enrico Carpegna: pp. 122, 127 (in alto a destra)
Fotografie G. Torra: pp. 86, 89 (in alto a sinistra; al centro a sinistra; in basso a sinistra).
Fotografie Mariano Boggia: 101 (in alto a sinistra; al centro a sinistra).
Fotografie M. Saroldi: p. 56.
Fotografie Paola Valentini: p. 95 (in alto a destra).

L'editore è a disposizione degli aventi diritto per le fonti iconografiche non identificate e si scusa per eventuali, involontarie inesattezze e omissioni.

© 2009 UMBERTO ALLEMANDI & C., TORINO

COORDINAMENTO REDAZIONALE LINA OCARINO
REDAZIONE ISABELLA VERGNANO

VIDEOIMPAGINAZIONE ALESSANDRA BARRA

FOTOLITO CHIAROSCURO, TORINO

FINITO DI STAMPARE NEL MESE DI SETTEMBRE 2009
PRESSO CAST, MONCALIERI (TORINO)